Problemi attuali

Ludovico Geymonat

I sentimenti

Rusconi

Prima edizione ottobre 1989

ISBN 88-18-01055-7

AVVERTENZA GENERALE

La quarta sezione del mio volume Studi per un nuovo razionalismo *(Torino, Chiantore 1945, oggi esaurito) possedeva un carattere nettamente diverso dalle tre precedenti. Infatti, mentre queste avevano per oggetto primario il problema della conoscenza (soprattutto di quella scientifica), tale sezione era invece diretta allo studio degli stati sentimentali e degli imperativi etici, studio che veniva condotto con uno stile discorsivo, prevalentemente descrittivo, non sempre rigoroso. Proprio perciò essa venne considerata da parecchi critici come alquanto marginale rispetto al resto della mia produzione.*

Negli ultimi tempi, però, la pubblicazione o meglio ripubblicazione di alcune sue pagine da parte del grande quotidiano «Il sole, 24 ore» ha fatto rinascere un diffuso e vivo interesse per quanto vi avevo scritto, sicché parecchi amici mi hanno suggerito di farne un volumetto autonomo, quale è appunto il presente. Ma poiché le argomentazioni ivi svolte risalivano a circa mezzo secolo fa (iniziai infatti a scriverle pressoché un decennio prima del 1945), ho ritenuto opportuno aggiungere alcune integrazioni, ora sotto forma di note a piè di pagina o di chiarimenti indicativi delle circostanze storiche che me le avevano suggerite, ora invece sotto forma di vere e proprie aggiunte dirette a precisare i motivi per cui le mie posizioni odierne sono mutate rispetto a quelle di allora.

Ho inoltre suggerito all'editore di far comporre queste integrazioni in caratteri diversi da quelli del testo originario, per facilitare al lettore l'individuazione di quanto ho gradatamente elaborato in due momenti della mia vita tanto lontani l'uno dall'altro.

Settembre 1989 *L.G.*

I

STATI SENTIMENTALI E VALUTAZIONI ETICHE *

[Ricorderò innanzi tutto che l'indirizzo filosofico che cercavo di delineare e difendere nel volume del 1945 era sostanzialmente ispirato al programma antimetafisico del così detto *Circolo di Vienna*: con notevoli varianti, però. E proprio per sottolineare queste varianti, non ricorrevo al termine usuale di neo-positivismo, ma lo indicavo col nome di *empirismo* o *razionalismo a base empirica*, o anche *oggettivismo* (nel senso dell'oggettività scientifica). Nel frattempo subivo tuttavia qualche influenza anche da parte dell'indirizzo esistenzialistico, allora largamente diffuso in Italia; è un'influenza rintracciabile soprattutto nella quarta sezione del volume del '45, cioè in quella appunto qui riprodotta. Mi permetterò di segnalarla in alcuni dei prossimi paragrafi.]

Com'è noto, l'empirismo tradizionale ed il neoempirismo non si rivelarono, in genere, molto fecondi nell'analisi dei sentimenti e delle valutazioni etiche; io ritengo ciò malgrado, che tali indirizzi filosofici possano suggerirci, se interpretati con una certa larghezza di spirito, alcuni notevoli sviluppi, non privi di interesse anche per il moralista. Fra l'altro, essi mi sembrano assai idonei: da un lato a

[*Nel volume del 1945 questo capitolo figurava come XII in quanto era preceduto dagli undici capitoli delle sezioni precedenti; analoga osservazione vale, ovviamente, per la numerazione dei capitoli successivi.]

provarci il carattere illusorio, insito in molte fra le tesi più comunemente accettate della filosofia e dell'etica classiche; dall'altro, ad aprirci la via verso una nuova interpretazione della moralità.

Per esporre l'interpretazione ora accennata, dividerò il presente capitolo in due parti. Nella prima illustrerò l'unico concetto di stato sentimentale, di individuo, ecc. che risulti accettabile per l'empirista, e poi, sulla base di esso, esaminerò in breve le più note classificazioni degli stati e degli atti umani, cercando soprattutto di stabilire con scrupolosa chiarezza quali di esse abbiano un fondamento effettivo e razionale, e quali invece sfuggano al concetto stesso di analisi oggettivistica. Da questi risultati mi troverò poi indotto, nella seconda parte, ad analizzare i caratteri più profondi ed ineliminabili delle valutazioni etiche.

I

1. Secondo il linguaggio ordinario, l'individuo umano è un'attività che si esplica attraverso un insieme illimitato di manifestazioni succedentisi nel tempo. Queste possono venir distinte in due classi fra loro opposte: atti di natura conoscitiva (sensazioni, percezioni, ecc.), ed atti riguardanti la

prassi e la vita sentimentale. Mentre i primi costituirono sempre un campo assai propizio alla critica razionalistica, i secondi (solitamente studiati per mezzo dell'introspezione) formarono per essa un ostacolo quasi insormontabile.

Né la situazione è migliorata per il sorgere della cosiddetta psicologia sperimentale (Wundt, Ribot, ecc.); questa infatti, non solo non è riuscita a scoprire alcun metodo controllabile per lo studio dei sentimenti, ma non ha neanche saputo affermarsi, a giudizio degli empiristi più esigenti, come vera costruzione scientifica criticamente fondata e priva di presupposti metafisici.

La difficoltà sostanziale, che impedisce uno studio empiristico assolutamente rigoroso dei sentimenti, è questa: essi sembrano sfuggire, per principio, a qualunque descrizione precisa e verificabile, in quanto sembrano appartenere a un mondo autonomo, tutt'affatto diverso dal mondo intersoggettivo universalmente conoscibile.

L'unico, fra gli indirizzi della psicologia moderna, che possa presentare per l'empirista un effettivo e giustificato interesse, è quello che fa capo alla cosiddetta «teoria somatica delle emozioni». Negando ai sentimenti qualsiasi tipo di esistenza extra-empirica, tale indirizzo taglia infatti alle radici la difficoltà poco sopra accennata. Mentre l'uomo comune interpreta i fenomeni del mondo fisico come semplici sintomi degli stati sentimentali, e ritiene che l'unico metodo di cogliere questi stati nella loro realtà psichica sia l'introspezione, la teoria somatica identifica invece lo stato sentimentale stesso con le sue manifestazioni, e lo ritiene perciò empiricamente studiabile insieme con queste ultime. Per es.: un'emozione di terrore non sarebbe null'altro – secondo essa – che l'insieme dei gesti, delle grida, ecc. che servono a esprimerla. Descrivendo con assoluta esattezza questi gesti, queste grida, ecc. si coglierebbe proprio la natura intima di quell'emozione: ogni appello a qualcos'altro sarebbe incontrollabile e metafisico.

Non insisterò ulteriormente sugli sviluppi particolari di questa ben nota teoria, né mi fermerò a precisarne i rapporti con certe altre, più recenti, conosciute sotto il nome di materialistiche. Preferisco passare subito a esporre i motivi che – almeno a mio giudizio – costringono l'empirista a modificarne alcuni tratti fondamentali.

La teoria somatica e quelle da essa derivate sembrano presupporre: 1) che gli oggetti e processi fisici e fisiologici posseggano una realtà loro propria, indipendente dal loro modo di manifestarsi; 2) che, in ispecie, il corpo umano possegga una sua particolarissima consistenza teorica, più certa di quella spettante a ogni altra unità. Questi presupposti non possono reggere però di fronte alla critica empiristica, la quale ha dimostrato che ogni processo e oggetto, fisico o non fisico, è una mera formazione concettuale, la cui consistenza unitaria dipende soltanto da certe determinate regole grammaticali. Non esiste dunque ragione alcuna che ci permetta di vedere, nei fenomeni rientranti sotto il concetto di «corpo di un dato individuo in un dato istante», qualche unità più reale che in altri (per esempio nei fenomeni rientranti sotto il concetto di «vita complessiva di un individuo»). Contrariamente all'opinione dell'uomo comune, l'empirista sa che non deve ipostatizzare certi aggregati a preferenza di certi altri, ma deve rendersi conto della natura perfettamente identica di tutti i nostri concetti, e deve saper scegliere – per la costruzione della scienza – quelli fra essi che meglio riescono a precisare le intuizioni della lingua ordinaria ed a risolvere i problemi loro connessi. *Limitarsi a ciò che è controllabile, non significa affatto limitarsi a ciò che, nel linguaggio quotidiano, passa sotto il nome di «fisico»*. Le entità fisiche non sono per nulla più reali delle altre, e non vi è ragione perché i concetti della scienza si modellino su di esse anziché su altre unità, parimenti importanti, del linguaggio quotidiano. Non risponde dunque, in nessun modo, ai canoni dell'empirismo pretendere di spiegare a ogni costo gli stati sentimentali o qualunque altro concetto della vita comune con soli concetti fisici; l'importante è spiegarli: 1) *senza alcun riferimento a entità incontrollabili*; 2) *senza entrare in contraddizione col linguaggio quotidiano* (cioè senza uscir fuori dai problemi concreti ed effettivi della vita di ogni uomo).

Per poter indicare in forma più precisa quali siano i tratti della teoria somatica delle emozioni che mi sembrano incompatibili col punto di vista empiristico, prenderò senz'altro in esame un esempio concreto. Sarà quest'esempio stesso a suggerirci le modificazioni da apportare a tale teoria.

Un Tizio venne insultato e non è in grado di reagire come vorrebbe. Noi vediamo che i suoi muscoli si contraggono, le sue mani tremano, ecc.; diciamo perciò che egli prova un sentimento di «ira repressa». Può l'empirista ammettere, d'accordo con la teoria somatica, che «il sentimento di Tizio è proprio l'insieme di questi suoi gesti?» Per risolvere la questione, supponiamo che un altro individuo, Caio, si trovi nelle medesime condizioni esterne e reagisca esattamente allo stesso modo. Risponderà ai canoni dell'empirismo il dire che, nell'ipotesi accennata, i due individui provano lo stesso sentimento? Senza dubbio, chi dicesse che Tizio e Caio provano lo stesso sentimento, mostrerebbe con ciò di attribuire al termine «sentimento» un significato ben preciso e completamente empirico (dato che gesti, grida, ecc. sono atti i quali si compiono per intero nel campo dell'esperienza); ma si troverebbe egli d'accordo con il linguaggio comune? Se ciò cui si riferisce questo linguaggio parlando di «stati sentimentali», di «emozioni», ecc. avesse proprio una esistenza istantanea (limitata a quel solo attimo in cui Tizio contrae i suoi muscoli, ecc.), sarebbe forse lecito rispondere positivamente; ma tutti sappiamo che la cosa non si svolge affatto così. Supponiamo, per esempio, che Tizio, uscito dalla situazione considerata, orienti gran parte dei propri atti allo scopo di ottenere vendetta dell'offesa subita, mentre Caio – al contrario – si lasci riassorbire dalle solite vicende della vita quotidiana e non soffra più, né più pensi all'insulto, o alla vendetta; è evidente che, in quest'ipotesi, il linguaggio comune dirà: «I due sentimenti di Tizio e di Caio sembravano eguali ma erano diversi; soltanto le loro manifestazioni esterne erano simili le une alle altre». Non si trova quest'uso in totale e indiscutibile contrasto con la definizione della teoria somatica? Né si può rispondere dicendo che il linguaggio comune parla in questo caso di una pura diversità di conseguenze e non di una diversità di emozioni. È infatti chiaro, per chi si attenga alla grammatica del linguaggio comune, che non si può parlare di eguaglianza di cause, quando si abbiano effetti tanto diversi.

Per sfuggire a questa difficoltà, conservando quel che è conservabile della teoria somatica, *dobbiamo sollevarci* dalla considerazione dei soli atti «compiuti da un dato corpo in un dato istante» *alla considerazione dell'unità degli atti di un individuo «succedentisi nel tempo, a intervalli anche molto distanziati»*. Nulla ci assicura invero che fenomeni coistantanei, solo perché si trovano collegati al medesimo valore della variabile tempo, debbano avere gli uni con gli altri una intimità di rapporto molto più sostanziale che fenomeni temporalmente lontani. Dal punto di vista empiristico ogni considerazione unitaria di un insieme di fenomeni (istantanei o non) è sempre qualcosa di puramente logico, che non può dipendere dai dati, ma soltanto dalle regole della nostra grammatica.

Nulla ci vieta dunque di correggere la definizione somatica dicendo: «*Per stato sentimentale di un individuo intenderemo una intera serie di atti succedentisi nel tempo,* quella serie attraverso cui il linguaggio comune dice che tale stato si manifesta». Per esempio: intenderemo il termine «terrore» come non altro che *un concetto, il quale presenta in forma unitaria una lunga successione di atti del medesimo individuo.* È senza dubbio metafisico parlare di stato sentimentale, credendo con ciò di riferirsi a qualcosa che fuoriesca dall'esperienza; ma è altrettanto contrario ai canoni dell'empirismo voler spiegare un tal termine riferendolo soltanto ai gesti, alle grida, ecc. percepibili in un dato istante, e non ad altri atti (pur essi empirici) solo perché controllabili in istanti successivi. *Il termine «stato sentimentale» non denota un protocollo, ma un concetto, che riunisce sotto di sé diversi protocolli.* La stessa cosa accade del resto per il termine «fenomeno fisico»; con la differenza, però, che il modo di riunire i protocolli sotto il primo è tutt'affatto diverso dal modo di riunirli sotto il secondo.

2. Si eleva a questo punto un'obiezione assai grave. Non rinvia la nostra definizione a qualcosa di assolutamente incontrollabile? Essa identifica lo stato sentimentale con una serie più o meno estesa di atti empirici e controllabili, provenienti tutti dal medesimo individuo, ma succedentisi nel tempo. Senonché: fin dove dovrà estendersi una tal serie? È chiaro invero che il concetto di successione (per

mezzo di cui vorremmo spiegare il concetto di stato sentimentale) trascina con sé una profonda indeterminatezza. Riferendoci, a titolo di esempio, al caso poco fa citato, è chiara l'impossibilità logica di rispondere a una domanda come la seguente: provò o non provò anche Caio un desiderio di vendetta? Chi ci assicura, infatti, che egli non finga di avere dimenticato l'offesa, all'unico scopo di potersene vendicare più sicuramente? Fin dove si estende la serie delle azioni che noi dobbiamo far rientrare nella definizione dello stato d'animo dell'individuo considerato?

Il miglior modo di risolvere questa obiezione è di accettarla. Essa afferma l'impossibilità di conoscere con esattezza assoluta e completa uno stato d'animo (se questo deve venire inteso nel senso poco fa definito). Ebbene: sia pure così! Una tal conclusione non fa che confermarci la perfetta rispondenza fra la nostra definizione e il linguaggio comune. Non ci dice, invero, anche il linguaggio comune che nessun sentimento, nessuna emozione, ecc. può venire conosciuta con quella stessa esattezza con la quale si conosce un fenomeno fisico? È un fatto: la nostra definizione rende impossibile parlare di stati d'animo perfettamente identici; ma non dice forse la stessa cosa, se pur in termini un po' meno espliciti, il linguaggio della vita ordinaria? Dato che non ha senso distinguere con esattezza le molte serie di atti riferentisi a un medesimo individuo, dovrà essere impossibile – per chi accetti la nostra definizione – differenziare con esattezza i vari stati d'animo del medesimo individuo. Ma è tanto strano tutto ciò? Non si presentano essi di fatto, nella nostra esperienza concreta, come inscindibili e inseparabili gli uni dagli altri?

L'empirista non può, né deve, svisare la realtà delle cose; egli deve solo fare in modo che i suoi concetti non contengano alcun riferimento surrettizio a entità metafisiche incontrollabili. L'importante è, per lui, mostrare con chiarezza che chi parla con senso di una vita sentimentale non si riferisce a nulla di esistente al di fuori del mondo empirico, ma si riferisce - come ogni altro onesto ricercatore - ai soli dati dell'esperienza che non sono in sé fisici né psichici, ordinandoli e collegandoli però in forme concettuali caratteristiche, tutt'affatto diverse da quelle usate dalla scienza fisica.

[Qui è evidente l'influenza del fenomenismo di Ernst Mach, di cui proprio gli insegnamenti ricevuti presso il *Circolo di Vienna* mi avevano fatto capire l'enorme importanza teoretica, allora ben poco riconosciuta in Italia.]

Allo stesso modo il «soggetto individuale» non è, per lui, identificabile col corpo dell'individuo. Questi sono due concetti troppo diversi per poter venire confusi, ed entrambi troppo essenziali per poter venire l'uno o l'altro soppressi dalla grammatica della nostra lingua. La personalità umana è, dal punto di vista empiristico, l'insieme di tutti gli stati sentimentali e di tutti gli atti conoscitivi connessi a un determinato corpo; essa è un concetto che presenta in forma unitaria un numero enorme di protocolli universalmente controllabili.

Non è nulla di fisico, perché non può venir inserita in alcuna teoria fisica e fisiologica; ma non è, neanche nulla di metafisico, perché non rimanda ad alcuna entità per principio incontrollabile.

3. Com'è ovvio, si tratta qui di un'interpretazione assai diversa da quella materialistica comune. Può accadere, senza dubbio, che essa non ci accontenti (e ne vedremo noi stessi, fra poco, il perché); ma questo non significa affatto che sia priva di valore. Per darne una prova immediata e concreta, accenneremo subito al più notevole dei vantaggi.

La concezione empiristica dell'individuo e della vita sentimentale riesce, meglio di ogni altra, a farci comprendere la vuotezza e l'infondatezza di quelle molte teorie filosofiche, le quali considerano lo stato sentimentale come una «proprietà metafisica dell'animo, completamente distinta dalle azioni e dalle serie di azioni».

Vediamo qualche esempio.

È ben noto come alcuni indirizzi filosofico-sociali non cerchino di provare il proprio valore, confrontando gli atti dei loro seguaci con quelli dei loro oppositori, ma contrapponendo invece la «finezza di sentimento», che accompagna i primi, alla «grossolanità» dei secondi. Si tratta, secondo essi, della evidente superiorità dei sentimenti di «carità», di «comprensione», di «umiltà», professati dai loro seguaci, sui sentimenti di «odio di classe», «rancore», «desiderio del benessere materiale», ecc. professati dai loro avversari. Non sono questi – si domanda il volgo – caratteri assolutamente sicuri, capaci di vincere qualsiasi critica? No, risponde l'empirista, in base al suo concetto di sentimento da noi riferito. *È assurdo voler parlare dello «stato d'animo», come di un qualcosa che dovrebbe esistere e venir giudicato al di fuori delle azioni attraverso le quali si manifesta.* Se le serie di azioni dettate dal cosiddetto «odio di classe», dal «rancore», dall'«interesse», ecc. sono identiche a quelle dettate dai sentimenti di nome contrario, *basta una tal coincidenza a provarci che le due specie di stati sentimentali non risultano affatto diverse.* Ed anzi: se le azioni suggerite dal cosiddetto odio, ecc. sono, di fatto, più generose e amorevoli di quelle dettate dalla cosiddetta carità, questo significa proprio che il primo è superiore alla seconda. Senza dubbio, può essere doloroso che i nomi su accennati siano scelti così a sproposito; ma non basta certo questo a giustificare la confusione delle idee.

Se si trattasse soltanto di astratti indirizzi filosofici, il danno provocato dalla scarsa conoscenza della critica empiristica non sarebbe forse molto grave. Ma il fatto è che esistono anche interi movimenti religiosi i quali cadono nello stesso errore e lo volgarizzano per le menti meno critiche. Non rappresenta questo stato di cose un ostacolo gravissimo per il progresso civile e morale dell'umanità? Si pensi per esempio a certe pretese religioni, le quali si fanno vanto di condannare in ogni caso l'odio e la vendetta, e poi plaudono e appoggiano, in concreto, chi agisce come il peggior odiatore o il più implacabile vendicatore.

[Qui si alludeva manifestamente al comportamento di talune autorità religiose nei confronti del fascismo e del nazismo.]

Che importa la dichiarazione di «non odiare una certa persona o classe di persone», se poi la si perseguita e la si combatte come solo potrebbe farlo chi la odiasse a morte? Per vedere, rispetto a ciò, la fondatezza della posizione empiristica, si rifletta su di un semplicissimo fatto: agli occhi del perseguitato non sono per nulla diversi due stati sentimentali del carnefice, che portano alle medesime azioni, anche se rispondono a due definizioni psicologiche fra loro opposte. L'empirista aggiunge: non lo psicologo, ma il perseguitato ha ragione. *Quella pretesa diversità di stati sentimentali è qualcosa di inverificabile e quindi logicamente vuota di senso.* Nulla più che le confusioni terminologiche si prestano a venir sfruttate dagli spiriti farisaici e antireligiosi.

Che dire, ora, se certi movimenti insorgono con violenza contro le anzidette pseudo-religioni? Che dire, se certi uomini in buona fede combattono con tanta esasperazione i cosiddetti sentimenti della carità e della rinunzia? Mentre il volgo si atterrisce di tutto ciò e grida alla decadenza del mondo, l'empirista non si atterrisce ma comprende. Se per «spirito di carità» si dovesse proprio intendere quello stato d'animo che suggerisce certi massacri e certe rapine, l'uomo dabbene avrebbe non solo il diritto ma il dovere di combatterlo. Se il termine «Dio» dovesse proprio venir inteso come lo intendono alcuni, sarebbe ben giusto che esistano dei negatori di Dio. Di fatto, lo spirito di carità non è un carattere misterioso dell'animo umano che possa sussistere e vivere scisso dall'azione: esso è un tipo ben determinato di azione. L'amore non va inteso come uno stato d'animo esistente al di fuori dell'esperienza e afferrabile soltanto con fantastiche analisi introspettive. No; come dice l'empirista, esso è una serie di azioni effettive e reali, universalmente constatabili in questo mondo empirico. Il preteso amore metafisico, che si traduce in manifestazioni di odio, è odio puro e semplice, peggiore di quello che confessa la propria natura.

4. Per comprendere tutto il significato della critica empiristica, esamineremo nelle prossime pagine quel che essa ci dice intorno alle più comuni e più note classificazioni degli stati sentimentali: stati istantanei e duraturi; semplici e complessi; razionali e irrazionali.

Quanto alla prima delle anzidette classificazioni, è facile capire che l'empirismo può attribuirle soltanto una scarsissima importanza. Il concetto di durata dei nostri sentimenti, delle nostre emozioni, ecc. presuppone invero che questi stati d'animo vengano interpretati come «proprietà dell'individuo» fornite di una esistenza loro propria ben definita e chiusa fra limiti chiaramente determinati; il che contraddice in modo palese all'interpretazione spiegata nei paragrafi 1 e 2. In pratica, gli psicologi sperimentali, i quali fecero uso di questa classificazione, finirono tutti per identificare lo stato d'animo (che è per l'empirista una serie lunga e imprecisabile di atti) con i soli primi termini della serie.

La stessa critica va ripetuta per la distinzione degli stati sentimentali in semplici e complessi. Chi tenga presente che una serie di atti può sempre venire scomposta (per la sua stessa natura di aggregato) in molte serie parziali, comprenderà subito l'infondatezza del concetto di stato d'animo assolutamente semplice. Che poi sia assurdo voler parlare di «sentimento» quando ci si trova dinanzi a un singolo atto, mi sembra così palese da non richiedere ulteriori spiegazioni: il puro atto nella sua immediata singolarità sfugge invero tanto alla categoria del teoretico quanto a quella del sentimentale.

Ciò non significa - sia detto ben chiaramente - che le distinzioni ora accennate (e le molte altre loro analoghe) non possano riuscire in certi casi assai utili; l'importante è, dal punto di vista empiristico, non attribuir loro un carattere metafisico, e soprattutto non volerle rendere troppo precise (ma capire che fra i due tipi estremi sono sempre possibili molti tipi intermedi, separati l'uno dall'altro da sfumature tenuissime). È certo, per esempio, che può riuscire vantaggioso distinguere fra loro i concetti di «semplice capriccio», di «grande passione» e di «ferma decisione»; il primo denota serie di atti generalmente trascurabili e di breve durata, mentre i secondi denotano serie di atti che coinvolgono gran parte della vita di un individuo. Questo non toglie però che si tratti sempre di distinzioni poco esatte, molto soggettive, e prive perciò di un vero significato scientifico o filosofico.

Tentiamo, per rimanere nell'esempio precedente, di analizzare un po' più da vicino la distinzione tra «grandi passioni» e «ferme decisioni volitive»: vedremo senza difficoltà che i caratteri che le differenziano non sono proprio nulla di determinato. Si suol dire che le passioni presentano uno sviluppo così rapido e impetuoso da risultare generalmente inconfondibili con le decisioni volitive fredde, tenaci, serie. Nello sviluppo concreto delle singole personalità accade tuttavia, assai spesso, che una pura decisione volitiva si trasformi, col sorgere degli ostacoli, in vera furibonda passione, sì da non conoscere più freni né ordine (si pensi ad alcuni programmi religiosi e politici); e non è escluso, d'altro lato, che una passione (per esempio di vendetta) perda a poco a poco il suo carattere turbolento, per svilupparsi in forma di vasto piano d'azione, così tenace e sicuro come quello prodotto dalla più ferma volontà. Gli è che ogni serie di atti umani, proprio per la sua indeterminatezza e durata, possiede in concreto caratteri così spiccatamente singolari da sottrarsi di necessità a qualunque tentativo di racchiuderla in uno schema astratto e preciso. Né sono rari i casi nei quali il medesimo stato d'animo prende forme tanto diverse da poter essere classificato in tipi fra loro quasi opposti. La teoria empiristica rappresenta, su questo punto, un forte richiamo alla concretezza e una denuncia dei pericoli di qualunque classificazione dogmatica.

5. Passiamo ora al terzo criterio prospettato nel paragrafo precedente: quello che distingue gli stati d'animo in razionali e irrazionali.

Sappiamo del resto che ogni conoscenza razionale ha, per l'empirista, un compito essenzialmente unitario. Ricordiamo tuttavia che: 1) non è lecito, secondo lui, interpretare in modo troppo assoluto questo carattere unitario, essendo pensabili teorie dualistiche o pluralistiche altrettanto ben costruite quanto le monistiche; 2) non vi è alcun motivo empiristicamente accettabile perché debba attribuirsi all'idea dell'*uno* una virtù logica sua propria, superiore a quella di ogni altra idea (è noto invero che, secondo l'empirismo, tutti i principi e i concetti logici – compreso quello dell'unità – non sono assoluti ma variano di forma e di significato da una teoria all'altra); 3) se l'idea comune (più o meno confusa) dell'unità può piacere a certi studiosi più di quella della dualità, questo stato di fatto dipende, in sostanza, da un puro e semplice riferimento soggettivo e non può quindi esprimere nulla di necessario né di universale; 4) pur riconosciuto all'«uno» un certo valore psicologico, non vi è motivo che ci permetta di attribuirgli per ciò stesso una superiorità assoluta sulle altre idee, superiorità che possa venire senz'altro trasferita in qualunque campo.

Proprio per non aver compreso queste critiche pregiudiziali, così evidenti dal punto di vista empiristico, molti filosofi attribuirono all'unità un valore metafisico universale, trascendente qualunque altro tipo di considerazione; e, dopo averle dato il nome solenne di «razionalità», cercarono in essa la fonte suprema di tutti i valori. Questo accadde in ispecie per gli stati d'animo (sentimenti, emozioni, passioni, decisioni volitive, ecc.), e ci spiega l'importanza che suol venire data alla distinzione di essi in stati razionali e irrazionali. In base a questa nota distinzione si vorrebbe, per esempio, vedere nelle grandi decisioni volitive una specie di razionalità (dovuta al loro carattere unitario) capace di contrapporle ai sentimenti semplici, alle emozioni, ecc. (intesi come «stati irrazionali»).

È evidente, dopo le critiche poco fa riferite, che l'empirista non può accettare neanche questa classificazione. La razionalità è per lui qualcosa di estraneo alla vita sentimentale: qualcosa che non ha nulla a che vedere con la superiorità o inferiorità dei nostri atti. Senza dubbio la coerenza, la costanza, la fermezza, l'inflessibilità e tanti altri fra i più pregevoli caratteri della personalità umana posseggono una forma unitaria assai pronunciata, ma sarebbe ridicolo voler cercare in questa forma la sorgente del loro valore; in tale ipotesi, lo stesso valore dovrebbe venir attribuito a certe manifestazioni di odio e prepotenza le quali presentano una forma unitaria non meno chiara. La separazione del teoretico dal sentimentale è, per l'empirista, uno dei canoni filosofici più importanti. Mentre l'assolutezza teoretica si rivela, di fronte alla sua critica, un semplice frutto di fatali inesattezze e oscurità di linguaggio, l'assolutezza morale dovrà invece rivelarsi, se risulterà lecito parlarne, come qualcosa di fermo, preciso, inoppugnabile.

Tutto questo non dimostra che sia *erroneo* attribuire il nome di razionali a certi sentimenti piuttosto che a certi altri. Nessuna denominazione può dirsi vera o erronea; essa può dirsi soltanto opportuna o inopportuna. La critica empiristica non mira dunque a farci abbandonare l'antica terminologia, se non per impedire qualunque confusione tra il razionale etico e il razionale logico*.

6. Gli ultimi cenni ci inducono a lasciare ormai da parte le artificiose classificazioni della psicologia, per discutere con franchezza quella, ben più importante, che sta a base della morale: la distinzione tra «stati d'animo approvabili» e «stati d'animo non approvabili». Essa occupa un posto così essenziale nella nostra vita d'ogni giorno, che l'empirista (il cui primo canone è proprio di rimaner fedele ai dati della vita quotidiana) non può trascurarla o passarla sotto silenzio. La critica di quest'ultima classificazione porterà molta luce sui possibili sviluppi della filosofia empiristica.

[*La netta distinzione fra attività teoretica e attività pratica (sentimentale o morale) era largamente condivisa fra i seguaci del *Circolo di Vienna*. Ma non era certo questa una tesi originale del loro movimento; basti ricordare la distinzione operata da Kant fra le tre *Critiche*.]

Cerchiamo, prima di tutto, di definire chiaramente il concetto di approvazione; e, come al solito, prendiamo in esame, al nostro scopo, alcuni esempi concreti.

La città ha da prendere una grande decisione; i cittadini sono chiamati a esprimere il loro parere. L'individuo X dice all'amico Y che egli «disapprova» la proposta su cui il capo del governo li invita a votare. Deve il suo detto considerarsi come «dimostrativo di se stesso»? Non potrebbe darsi che X voglia far bella mostra di spirito indipendente di fronte a Y, mentre invece, in realtà, non approva né disapprova la proposta su cui è invitato a votare, ma se ne disinteressa nel modo più completo? Mi sembra che basti questa considerazione a farci porre in dubbio che, nella circostanza considerata, l'individuo abbia detto il vero. Supponiamo ora che X consegni la scheda negativa nella votazione, a scrutinio segreto, indetta per l'accennata decisione. In questo caso il «non approvo» stampato sulla scheda è certo un enunciato di disapprovazione che potremmo dire dimostrativo di sé medesimo. Non è infatti necessaria alcuna altra azione (oltre alla votazione stessa), per dimostrare che X effettivamente non si trova d'accordo con il capo della città. Tuttavia – ancora in questo caso – un maligno potrebbe obiettarci: chi ci assicura che *davvero* (e cioè: non per scherzo, non con leggerezza) l'individuo X disapprovi la proposta contro cui ha votato? Ogni lecito dubbio scomparirebbe invece, allorché X rendesse pubblico il suo voto proprio nel caso in cui questo si trovasse contro il parere della maggioranza e potesse costargli l'ira del popolo e del capo. Perché diverrebbe assurdo, in quest'ultimo frangente, ogni dubbio? Perché, qualunque possa essere il motivo (di ordine personale, morale, economico, ecc.) che induce X a esporsi a tanti pericoli pur di esprimere il suo voto contrario, certo deve trattarsi di un motivo così forte da sopprimere in lui ogni tendenza ad approvare il progetto proposto. Se per avventura egli fosse stato dubbioso, non si sarebbe certamente, con la sua «presa di posizione in pubblico», tolta ogni possibilità di attenuare l'importanza della disapprovazione anzidetta. Già nel secondo caso, il voto segreto negativo poteva dirsi una vera e propria disapprovazione, in quanto non si esauriva soltanto in un asserto (vocale o scritto) senza conseguenze, ma in un inizio di azione diretta a impedire il realizzarsi del progetto disapprovato; tanto più ora però, in quanto l'individuo X si assume addirittura apertamente la responsabilità della sua azione, diretta contro il progetto discusso.

Da questa breve analisi ci troviamo dunque indotti a enunciare la seguente definizione: «Un individuo approva o disapprova un progetto, una decisione volitiva, ecc. quando egli: 1) *fa qualcosa di concreto*, sia compiendo un'azione nel senso proprio della parola, sia anche enunciando solo il proprio parere (purché questa enunciazione abbia qualche effetto pratico) *per favorire od ostacolare quanto è sotto giudizio*; 2) *assume o è per lo meno pronto ad assumere la responsabilità di tale suo atto di favoreggiamento o di impedimento»* [1] .

Questa definizione risulta senza dubbio consona alle esigenze della critica empiristica, non essendo basata su alcunché di psicologico o metafisico che sfugga al controllo intersoggettivo. Bisogna però tenere ben presente che il linguaggio comune non classifica gli stati d'animo in base alla loro approvazione o disapprovazione effettiva per parte di una o di un'altra persona, ma in base a un concetto generico di «approvabilità o disapprovabilità», il quale sembra far cenno a qualcosa di essenzialmente diverso. Mentre l'approvazione si manifesta con atti che sono empiricamente controllabili

[1] Contro l'anzidetta definizione si potrebbero elevare alcune difficoltà, non difficili a risolversi:

1) In alcuni casi anche il tacere rappresenta una vera e propria disapprovazione.

Risposta: Sì, certamente! Ma ciò accade soltanto allorché le circostanze esterne mostrino in modo palese che questo tacere denota una vera condanna, e non un mero disinteresse per la questione dibattuta.

2) In alcuni casi si approva o disapprova anche un'azione già compiuta, la quale, proprio perché appartiene al passato, non può più venir favorita od ostacolata.

Risposta: O l'approvazione e la disapprovazione sono puramente retoriche e quindi irreali, e in tal caso può darsi che esse si riferiscano solo al passato (è noto che la storia non consiste nell'approvare o disapprovare il passato, ma nel «rendersene conto»); oppure sono veri e propri atti consapevoli ed efficaci, ma allora tendono a favorire od ostacolare azioni future che imitano quelle passate.

3) In alcuni casi l'individuo X il quale si oppone a un certo progetto (per esempio alla legge di un governo tirannico) fa il possibile affinché non si sappia che è stato proprio lui a produrre tale ostacolo, a compiere tale atto di sabotaggio, ecc.

Risposta: A un esame più rigoroso, si vede che X non cerca di nascondere la propria responsabilità di fronte a chiunque, ma solo dinanzi a una certa persona Y la quale potrebbe annullare l'effetto dei suoi atti; se ne assume però la responsabilità innanzi ai suoi compagni, e più in generale alla storia (cioè a testimoni storici del suo atto). Ridicolo invece sarebbe parlare di approvazione o disapprovazione assolutamente segreta: come si farebbe a controllarne l'esistenza?

perché riferiti a un determinato individuo (analizzando la vita di questo individuo si può decidere se egli effettivamente approvi o disapprovi), l'anzidetta approvabilità dovrebbe manifestarsi invece negli atti dell'«uomo in generale». Ma che cos'è quest'«uomo in generale»? Quali, fra le infinite azioni degli innumerevoli individui, vanno scelte per decidere se una tale approvabilità abbia luogo o non abbia luogo? È chiaro che il nuovo concetto risulterà privo di ogni consistenza logica finché non si sia risposto in termini precisi a questa domanda.

Mentre l'approvazione per parte di un dato individuo denota qualcosa di universalmente controllabile, l'approvabilità invece è incontrollabile e perciò vuota di senso. Essa pare far cenno a motivi che dovrebbero essere capaci di rivolgere nel medesimo senso l'approvazione di tutti gli individui; il fatto è però che questi motivi non esistono o almeno non posseggono alcuna esistenza controllabile. Essi esprimono un mero desiderio, privo di significato pratico. La più semplice analisi, purché realmente sincera, può provarcelo senza ombra di dubbio.

[Nel prossimo capoverso traspare con chiarezza il riferimento alla situazione politica dell'Italia negli anni in cui fu scritto (fine degli anni '30) nonché alle difficoltà che allora si incontravano quando si tentava di indurre gli italiani a ribellarsi agli ordini del duce. Si noti la presenza in tale capoverso di uno sforzo ininterrotto rivolto a esporre le varie osservazioni senza concedere nulla alla retorica, e anzi, talvolta, a esporle con fredda crudezza.]

Supponiamo che io voglia dissuadere un individuo X dall'approvare il piano d'azione voluto da un individuo Y. Esistono processi concreti sui quali potrò fare assoluto assegnamento? Comincio col cercar di provare a X che l'attuazione del progetto discusso implica quella di certe massime generali, che spero egli disapprovi. Inserisco, per esempio, il caso singolo ora contemplato nel problema «se il più forte abbia o non abbia il diritto di opprimere il più debole». Se poi, malgrado egli mi abbia concesso che qui si tratta proprio di un caso volgare di oppressione, lo vedo ancora titubante, cerco di illustrargli con esempi concreti la bassezza d'animo del tiranno e del tiranneggiato (indicandogli le conseguenze più obbrobriose della paura, dell'invidia, dell'adulazione, ecc.); faccio appello alle massime dei più grandi uomini che credo da lui stimati; gli dimostro che il diritto di oppressione conduce alla distruzione della società e della vita. Infine cerco di fargli vedere, con i miei stessi atti, come io disapprovi il piano di Y con piena coscienza, sincerità e serietà.

[Come è ovvio, la situazione si presenta nella nostra epoca in termini assai meno crudi; però, una volta ammesso che non esiste più oggi in Italia una dittatura di forma analoga al fascismo, si deve però riconoscere che esistono altre forme più subdole di pressione sull'individuo (attraverso giornali, televisione, ecc.) alle quali è ben difficile sottrarsi, ed alle quali pertanto quasi nessuno ha la forza di ribellarsi.]

Riuscirà efficace il mio discorso? L'empirista risponde schiettamente che nulla può garantirmelo a priori. Sono infatti possibili diversi casi, nei quali non ottengo la persuasione voluta: 1) X nega che l'azione di Y rientri come caso particolare nell'oppressione del più debole per parte del più forte, sicché ritiene di poter disapprovare quest'ultima approvando invece la prima; 2) X ammette (contro ogni mia aspettativa) il diritto del più forte sul più debole; 3) X dichiara che la provata connessione tra l'atto di Y ed il principio del diritto del più forte, anziché fargli disapprovare l'azione di Y lo induce ad approvare questo principio; 4) X risponde che il mio ragionamento non ha consistenza, poiché la logica è inapplicabile fuori dal puro campo teoretico; ecc. ecc.

Possediamo qualche motivo per escludere a priori la possibilità di questi comportamenti molteplici? Possediamo, cioè, qualche obiezione fondata da opporre a questa critica empiristica? Purtroppo no: l'approvazione intesa come realtà controllabile, e non come pio desiderio, è una serie particolare nell'insieme delle azioni di una data personalità, serie che può connettersi, ma può anche non connettersi affatto, alle altre serie di atti della medesima o di altre persone. Forse che io stesso sono sicuro di «approvare effettivamente», domani, quel che oggi approvo con assoluta fermezza? Per confermare la tesi empiristica basterà del resto aggiungere questa semplice osservazione: tutti gli atti che manifestano l'approvazione appartengono essi pure al mondo fisico (essendo atti perfettamente controllabili), e sfuggono perciò (come ogni atto del mondo fisico) a qualunque tentativo di previsione assolutamente certa.

Che ci rimane dunque a dire sul concetto di approvabilità? Dal punto di vista empiristico, noi possiamo soltanto affermare che tutto può venire approvato e tutto disapprovato, dipendendo l'approvazione o il suo contrario da motivi contingenti variabili da individuo a individuo, e per lo stesso individuo da un momento all'altro.

7. La critica accennata nel paragrafo precedente ci prova che la considerazione oggettivistica (scientifica, universalmente controllabile) non si trova in grado di parlare con senso di una «necessità di approvare» la quale non si traduca in alcuna approvazione effettiva. Qualunque accenno del linguaggio comune a un «sentimento che spingerebbe tutti gli uomini verso certe azioni piuttosto che verso certe altre» risulta intraducibile nella lingua oggettivistica se: 1) questo sentimento non dà luogo nel singolo a una vera e propria serie di atti empirici; 2) non esiste alcuna approvazione condivisa di fatto da tutti gli esseri umani. L'impulso, la tendenza, il rimorso che non si traducono in serie di atti controllabili sono parole vuote di senso per la lingua empiristica. Volendolo, si può dire che essi esistono, ma si tratta in ogni caso di un'esistenza di tipo tutt'affatto diversa da quella controllabile di cui abbiamo finora parlato. La lingua empiristica non riesce dunque a esprimere in alcuna forma precisa il fatto che un uomo «senta l'approvabilità di un'azione» se poi di fatto egli non l'approva. Quest'approvabilità fa cenno a un motivo

che «dovrebbe valere» anche quando di fatto non vale; a un motivo che dovrebbe conservare la propria consistenza anche quando l'individuo agisce indipendentemente da esso.

Dovremo dunque concludere che il concetto di approvabilità è vuoto di senso? Dovremo dire che «non esistono fondamenti universali dell'approvazione e della disapprovazione»? Prima di rispondere a queste domande, bisogna ricordare che la parola «esistenza» come del resto ogni altro termine ha, per il razionalista, un significato preciso soltanto se riferita a un certo ben determinato linguaggio. La nostra critica non può dunque venir intesa come negazione generale di una «esistenza in sé» di quei fondamenti, ma soltanto della «possibilità di dar loro un significato nella lingua oggettivistica». Fra le esistenze che risultano intraducibili in questa lingua occorre però fare una profonda distinzione. Quando l'uomo comune parla dell'amore come di uno stato d'animo esistente al di sotto delle sue manifestazioni, il razionalista può mostrargli senza difficoltà l'inconsistenza di un tal preteso sentimento, sia facendogli toccare con mano che il vero amore è quello «provato dai fatti», sia facendogli constatare al contrario che un sentimento assolutamente non manifestato è qualcosa di incontrollabile e privo di interesse per tutti gli uomini, compreso colui che l'avrebbe sentito (come potrà, infatti, questo medesimo individuo analizzare oggi gli stati d'animo che ha provato ieri, così da avere, per esempio, una solida base onde pentirsi seriamente di essi? Chi potrà provargli che il suo ricordo non sia illusorio? Che sicurezza possiede egli mai di non esagerare ora, senz'avvedersene, l'importanza di ciò che ieri non fu se non un «fantasma di sentimento»?). Quando invece lo stesso uomo comune parla di «fondamenti morali» che gli fanno riconoscere l'approvabilità o la disapprovabilità di un'azione, egli dichiara sempre di riferirsi, con le anzidette parole, a qualcosa che non si manifesta in alcunché di verificabile, a qualcosa di cui non si può cercare la prova negli atti suoi e altrui e che pure ha per la sua coscienza una importanza essenziale. Perché dovremmo rifiutarci di credergli? Perché dovremmo rifiutarci di riconoscere fra i due casi una totale diversità?

La critica empiristica può mettere in chiaro l'inconsistenza del concetto metafisico-psicologico di sentimento, perché questo concetto pretende di far cenno a qualcosa che si manifesta, ora più ora meno, in atti verificabili, e che pur dovrebbe esistere al di sotto di essi; *non può provarci invece l'inconsistenza di un concetto che pretenda valere completamente al di fuori del mondo empirico*. La critica empiristica può dimostrarci soltanto che è assurdo voler applicare a questo concetto il medesimo tipo di esattezza di cui fa uso la lingua scientifica. Non bisogna cioè permettere che il linguaggio per mezzo del quale l'individuo accenna alle proprie valutazioni venga comunque confuso con il linguaggio oggettivistico da tutti controllabile: esso rassomiglia piuttosto al soliloquio. Ma il negargli, come tale, ogni esistenza, è un atto dogmatico e una pura finzione.

[Come ognun vede, in queste ultime righe si accenna ad una critica contro il neo-empirismo, critica tanto più seria in quanto condotta secondo i canoni dello stesso empirismo. Essa verrà ripresa nel § 9 e finirà col portarmi decisamente fuori di tale indirizzo filosofico.]

II

8. Com'è noto, non pochi psicologi e filosofi sogliono opporre le sensazioni ai sentimenti, chiamando esterne le prime e interni i secondi: il termine «sensazioni» denoterebbe, secondo essi, veri e propri fatti interindividuali, mentre il termine «sentimenti» denoterebbe fatti che si svolgono nell'intimità impenetrabile del singolo individuo. Ma regge davvero questa interpretazione? In qual modo possiamo conciliarla col fatto che nella vita comune di ogni giorno gli uomini parlano continuamente tanto di sensazioni quanto di sentimenti, e ne parlano proprio come se si trattasse di eventi intorno ai quali ci si può intendere gli uni con gli altri senza difficoltà?

La critica empiristica, d'accordo in questo con l'uso della lingua ordinaria, nega ogni base all'anzidetta contrapposizione. Come abbiamo visto in precedenza, essa riesce invero a presentarci una definizione dello «stato sentimentale» in cui non è fatto cenno ad alcunché di metafisico o di inesprimibile, e cioè riesce a introdurre per il termine «stato sentimentale» una grammatica logica altrettanto chiara e oggettivisticamente comprensibile quanto quella che è in uso per le altre parole con senso (per esempio per la parola «sensazione»). L'esistenza di una tal grammatica non esclude, com'è ovvio, che il termine «sentimento» venga usato talora senza badare ad essa, e cioè venga usato in un modo completamente inesatto; ma la stessa cosa accade anche per le altre parole (si parla spesso di sentimenti inespressi, come si parla di sensazioni non manifestate, di atti non compiuti, di possibilità non verificate, di poemi non scritti, ecc., ma tutto ciò appartiene al dominio della fantasia, non della critica filosofica rigorosa).

Non esiste invece - sempre in base alle ultime conclusioni della parte precedente - alcun modo di enunciare proposizioni empiricamente controllabili intorno ai cosiddetti «fondamenti etici dell'approvabilità e della disapprovabilità». Qui il razionalista deve confessare francamente che ogni pretesa contraria cade nel vuoto e nell'illusorio. L'unica cosa da fare è *riconoscere con piena sincerità che ogni individuo si esprime, nei giudizi sull'approvabilità e sulla disapprovabilità, per mezzo di concetti enunciabili soltanto nel linguaggio comune e soggetti perciò a tutte le imprecisioni e inesattezze di tale linguaggio*: parole che l'individuo asserisce abbiano per lui un significato chiaro e distinto, ma che spesso non trovano alcuna verifica nei giudizi e nelle azioni degli altri, e talvolta neppure nelle sue. Qui vi è dunque, per davvero, qualcosa di totalmente nuovo rispetto al campo delle sensazioni e dei sentimenti: voler negare una tal novità equivarrebbe a porsi in evidente contrasto col mondo della nostra vita effettiva di ogni giorno.

Per non correre il pericolo di rimanere nel vago e nel confuso, sarà opportuno che io faccia constatare l'anzidetta diversità su qualche esempio concreto. A tale scopo dovrò, com'è ormai ovvio, far uso di un linguaggio controllabile soltanto per me, e cioè incontrollabile nel mondo intersoggettivo. Posso ad ogni modo assicurare il lettore che esporrò la presente analisi con la massima sincerità e con il massimo rigore che mi riusciranno possibili.

[Nelle righe seguenti è implicito, se ben ricordo, un riferimento a talune circostanze familiari per me di notevole rilievo, ma su quelle preferivo – e tuttora preferisco – non dare ulteriori precisazioni.]

Se dico a me stesso che provo un certo sentimento (per esempio di odio, di gioia, di amore, di tenerezza, ecc.), so assai bene di non poter essere affatto sicuro, in base alle sole parole da me pronunciate o pensate, che io lo provi effettivamente. Non di rado mi accade, per esempio, di venir assalito dalla paura che il mio animo coltivi, quasi senza saperlo, sentimenti brutti e riprovevoli (poniamo, conservi rancore per qualcuno che mi ha offeso, ecc.); e, quindi, mi domando affannosamente se il mio timore sia fondato o infondato. Altre volte sono assalito dallo scrupolo di non amare una persona così come vorrei; e temo quasi di essere falso mentre le parlo con tutta la gentilezza di cui sono capace. Ma non si tratta qui di semplici suggestioni? Non si tratta soltanto di paure, dovute allo stato momentaneamente scosso del mio sistema nervoso? In che modo risolvere il problema? Per quel che mi riguarda, confesso che l'unica risposta possibile mi pare la seguente, improntata al più schietto empirismo: «Se riesco ad agire in ogni istante come agirei se non provassi più alcun rancore verso chi mi ha offeso, questo basta a garantirmi che gli ho davvero perdonato; se mi comporto verso la persona, cui dichiaro il mio amore, come dovrei comportarmi se l'amassi veramente, questo mi prova che il mio amore per lei non è diminuito». L'unica via per verificare o falsificare ogni dubbio sui diversi sviluppi dei miei sentimenti è l'esame obiettivo e scrupoloso delle azioni attraverso le quali li manifesto; ciò che può liberarmi dalla mia paura, o provarmi invece che sono davvero colpevole e degno di disprezzo, non è l'introspezione, sempre incerta e incontrollabile, ma l'analisi obiettiva controllabile e universale. Il valore del giudizio ottenuto per mezzo di essa proviene dalla seguente importantissima circostanza: un qualsiasi individuo, anche diverso da me, potrebbe ripetere l'analisi delle mie azioni altrettanto bene quanto la compio io (salvo la circostanza, in mio vantaggio, che io le conosco meglio, in tutti i loro anche minimi particolari). Non è dunque vero che i miei sentimenti siano qualcosa di interno alla mia personalità: io li conosco proprio così bene come li potrebbe conoscere chiunque altro fosse al corrente delle mie azioni con la stessa precisa esattezza con cui ne sono al corrente io. Non posseggo cioè, per il controllo dei miei sentimenti, alcun metodo mio personale che sfugga di principio alle capacità dei miei simili.

Il contrario accade, invece, se analizzo le mie

valutazioni. Allorché dico di accorgermi «che una certa azione è buona», so assai bene, per prove frequentemente ripetute, che questo mio accorgermi della sua bontà non equivale purtroppo ad approvarla (nel senso, universalmente verificabile, del termine «approvazione» spiegato al paragrafo 6). Può darsi invero che, ciò dicendo, io non inizi per nulla una serie di atti, miranti a favorire l'azione approvata. Il mio asserto si riferisce, in tale ipotesi, a qualcosa di essenzialmente incontrollabile per parte dei miei simili, a qualcosa cioè che, dal punto di vista empiristico, non ha la benché minima esistenza oggettiva. Il pretendere, come vorrebbero alcuni filosofi, che già la mia stessa valutazione meriti il nome di approvazione, non mi sembra serio; ed invero: qualunque termine si voglia usare, bisognerà pur distinguere l'approvazione (intesa come serie di atti universalmente controllabili) dalla valutazione (come giudizio puramente individuale). Se qualcuno poi volesse negarmi l'esistenza di questa valutazione, io mi accontenterei di chiedergli che cosa egli intenda con la sua negazione. *Trattandosi di un'esistenza che io riconosco incontrollabile per gli altri, sarebbe ridicolo pretendere che questi altri possano a loro volta contestarmela*. Al peggio, diranno che essa non è oggettiva; ma con ciò non affermeranno proprio nulla di nuovo, e non potranno distruggere i caratteri con cui essa si presenta al mio animo. Questi sono: 1) la sua indipendenza dalle circostanze esterne; 2) la sua indipendenza dalle mie azioni.

Supponiamo che in una data circostanza io mi trovi di fronte a due possibili serie di atti: la prima contraria ai miei interessi economici, la seconda invece ad essi favorevole. Supponiamo ancora che io scelga quest'ultima, e proceda con energia alla realizzazione del mio interesse. Chiunque si limiti a quanto è osservabile esternamente dovrà, per forza di cose, riconoscere che io «ho approvato il secondo modo di agire»; né io medesimo posso tentare di scusarmi dicendo per esempio di aver agito «senza convinzione» (poiché, se avessi agito con effettiva convinzione, avrei proprio usato la stessa energia che in realtà usai). Non v'ha dunque alcun dubbio possibile: ho approvato la serie di atti che era in accordo con i miei interessi, e ho disapprovato quella che contrastava con essi. *Ma equivale forse, tutto ciò, a riconoscere che io non vidi la superiorità morale della prima serie di atti rispetto alla seconda? A questa domanda nessuno può rispondere fuori di me.* I miei simili potranno dire, tutt'al più, che l'esistenza in me di una tale valutazione non li interessa affatto, visto che non l'ho manifestata in alcun modo, ma non potranno dimostrarmi con questo che il mio animo non l'abbia provata. In realtà, io ed io soltanto so se opero bene o male, e ciò indipendentemente dal fatto che questa mia valutazione interessi o non interessi i miei simili. Essa è certo controllabile e interessantissima per me, poiché mi fa provare, di continuo, compiacimento o rimorso dei miei atti.

[Qui non si può negare, come già accennai, che allorquando scrivevo le ultime righe del § 8, subivo involontariamente l'influenza di alcune correnti del personalismo esistenzialistico. Parimenti non si può negare che nel § 9 facevo delle affermazioni direttamente ispirate allo spiritualismo di Piero Martinetti col quale avevo cominciato a intrattenere rapporti di rispettosa e nel contempo viva amicizia. Ma a proposito dell'influenza che subii da parte di Martinetti, ritornerò a parlarne ampiamente nel capitolo II.]

9. Il trovarsi di fronte a una datità, di cui non può enunciare alcuna prova oggettivamente controllabile, costituisce certo, per il razionalista, una situazione assai grave. Eppure è molto meglio, ai suoi occhi, limitarsi a questa mera constatazione che favoleggiare di un controllo, di fatto inesistente. Senza dubbio, egli si ripeterà infinite volte la domanda: «Non si tratta, qui, di un'esistenza puramente illusoria? non avevamo convenuto di ritenere inesistente tutto ciò che risulta incontrollabile?», e proverà ogni volta molto rammarico constatando che non è in grado di rispondervi. Malgrado questo imbarazzo, egli deve ammettere, però, di non poter prescindere dalla propria valutazione morale. L'unico mezzo per non cadere in affermazioni dogmatiche sarà dunque di contrapporre francamente quest'esistenza valutativa all'esistenza empirica controllabile.

Il linguaggio comune dice: «*Affermare la bontà di una azione significa affermare che essa dovrebbe venir eseguita*». Orbene: che significa questo «dovrebbe»? Che scopo ha questo verbo al condizionale? Con la sua evidente astrattezza, con la sua totale diversità da espressioni oggettivamente verificabili (come per esempio «una certa azione *deve* venir eseguita», «io voglio eseguirla». «Tizio approva chi la compie», ecc.), esso viene proprio a confermare il carattere poco sopra accennato dal razionalista, e cioè: l'*indipendenza assoluta* della valutazione dallo stato contingente della personalità che la vive. Questa personalità è qualcosa di variabile e influenzabile, di debole e incostante; la valutazione invece sfugge a simili difetti. A chi, mentre affermo la bontà di un'azione X, volesse oppormi: «Essa è buona per te in questo istante, ma col tempo può perdere tutto il suo valore», non potrei dare altra risposta che la seguente: «Mi rincresce di non essere riuscito a spiegare la natura della valutazione; sappi ad ogni modo che la grammatica di un tale termine esclude che gli possano venir attribuite limitazioni spaziali o temporali».

Qualche volta mi accade di far tutto il possibile per convincere me stesso della «non moralità» di un'azione, che non mi sento la forza di compiere. Non so se anche agli altri avvenga un fatto simile. Certo è che, in queste condizioni, ho un bel gridare a me stesso che l'azione è malvagia, cattiva, immorale; ma queste mie parole non contano proprio nulla. Può anche darsi che io mi decida ad agire contrariamente all'anzidetta valutazione e ottenga il consenso e le lodi di tutti i miei simili, ma ciò non basta a mutarla. In breve (per valermi di un'espressione ormai classica nella filosofia): la bontà di un'azione mi si presenta come qualcosa che trascende senza limiti la mia personalità intellettuale e sentimentale.

Per le scuole metafisiche era assai più difficile, che non per l'empirismo, comprendere la vera natura di questa trascendenza: esse pretendevano infatti di trovare un assoluto già nei giudizi teoretici, e quindi cadevano in gravissime difficoltà per spiegare i rapporti fra questi due assoluti. Molto più facile è invece per noi, che sosteniamo il carattere relativo di tutte le conoscenze e degli stati sentimentali.

Sebbene le valutazioni si presentino a me come qualcosa che mi trascende, esse non sono però nulla di esterno: se infatti non dipendono dallo stato della mia vita sentimentale, non dipendono nemmeno dai giudizi altrui. Può accadere per esempio che io veda tutti i miei simili approvare una azione malvagia, che io veda la storia lasciarla impunita, ed anzi trarre da essa ogni sorta di beni, che io mi senta spinto dalla mia debolezza a condividere il parere altrui; tutto ciò non influisce per nulla sulla mia valutazione. Potrò, senza dubbio, mutare il mio giudizio su di essa venendo a sapere che si è svolta in modo diverso da quello che io credevo; in tal caso, però, quello che muta è la mia conoscenza storica, non la mia valutazione (continuerò infatti a ritenere che «se essa si fosse svolta come opinavo, sarebbe stata malvagia, indipendentemente dal giudizio altrui e dal giudizio della storia»).

Le valutazioni presentano dunque, agli occhi

del razionalista, qualche analogia con i protocolli. Con una notevolissima differenza però: se un mio protocollo si trova in contraddizione con la maggior parte dei protocolli altrui, io, come tutti gli altri, lo inserirò nei sistemi di conoscenze con l'attributo di «erroneo» (errore dovuto forse a un difetto dei miei sensi, degli apparecchi di osservazione da me usati, ecc.); se invece una mia valutazione è diversa da quelle che gli altri affermano di avere, io non posso dire che la mia sia erronea (posso dire, tutt'al più, che «io e gli altri non ci capiamo, non parliamo la stessa lingua», ecc.). L'empirismo può insegnarci a tenere distinti i due campi del verificabile e del buono, ma non provarci che l'uno o l'altro di essi esista o non esista. Anche se una metafisica di qualunque genere venisse a dimostrarci che uno di tali campi è irreale, oppure che essi sono in realtà identici, queste sue conclusioni non potrebbero distruggere la loro effettiva esistenza né la loro effettiva irriducibilità.

Mi resta infine a ricordare un ultimo carattere delle valutazioni. E cioè: mentre io so di essere responsabile delle mie approvazioni, so di non esserlo affatto delle mie valutazioni. Qual è dunque il rapporto fra le une e le altre? Senza dubbio le mie valutazioni non sono causa delle mie approvazioni. Si è visto infatti che, di fronte alla critica empiristica, il concetto di causalità risulta significativo nel solo caso in cui venga riferito a teorie ben determinate (e possiede anzi un senso variabile dall'una all'altra); non può quindi applicarsi alle valutazioni, che sono qualcosa di non inseribile in alcuna teoria oggettiva e rigorosa. Il rapporto fra i due campi può venire denotato invece con i termini «merito» e «colpevolezza» (secondo che le nostre approvazioni si accordano o non si accordano con le valutazioni); sarebbe tuttavia assurdo voler stabilire per questi termini una grammatica oggettivistica, dato che si riferiscono a qualcosa di incontrollabile per principio. L'approvazione ha luogo in un mondo di lotta continua e di ricca vita sentimentale; il giudizio valutativo si afferma invece come esistente al di là di ogni attributo spaziale e temporale; il loro rapporto consiste nella pretesa, che ha la valutazione, di determinare in pratica tutte le regole dei nostri atti.

10. Terminerò il capitolo, accennando a un gravissimo problema che presenta non poche difficoltà. Trovano in sé anche gli altri uomini un insieme di valutazioni, con gli stessi caratteri di assolutezza posseduti dalle mie? E se è così, coincidono o non coincidono le loro valutazioni con quelle che io trovo in me?

È evidente l'impossibilità di rispondere in modo esatto a queste domande: risulta invero, dall'analisi della prima parte, che, se anche gli uomini trovano davvero nel loro animo valutazioni analoghe a quelle che io trovo nel mio, essi non possono manifestarle con precisione a me, come io non posso manifestare le mie a loro; le proposizioni degli uni restano – per questo lato – incontrollabili agli altri.

Proviamo quindi a trattare il problema con metodo analogico.

Già abbiamo notato più volte che due serie di atti presentano sempre parecchie differenze fra loro: non è quindi possibile affermare con esattezza che una serie riferentesi a un individuo X sia eguale a una serie di atti miei. Malgrado ciò, è praticamente possibile parlare di serie di azioni fra loro simili.

Considero ora una serie di azioni mie, alle quali corrisponde in me una certa valutazione (qui non interessa la circostanza se tale serie riesca in accordo o in disaccordo con la corrispondente valutazione). Considero una serie di azioni simili, riferentisi a un individuo X diverso da me. La critica pregiudiziale poco fa accennata basta a provarmi che è impossibile decidere con esattezza se anche l'individuo X abbia trovato in sé una valutazione simile alla mia (questa valutazione infatti è qualcosa che non si esprime nelle serie di azioni). L'unica via da seguire per dirimere il problema è questa: faccio l'ipotesi che davvero l'individuo X abbia trovato in sé una valutazione simile alla mia, ed applico alle sue azioni le medesime categorie del merito, della colpevolezza, della sincerità, ecc. che applicavo alle mie. Se non nasce nessuna difficoltà particolarmente grave da questa applicazione, ritengo l'ipotesi ammissibile; in caso contrario, la rifiuto.

In un numero assai esteso di casi, questo metodo mi porta ad ammettere che gli altri uomini, o almeno una parte di essi, trovino in sé valutazioni simili alle mie. Io esprimo questo fatto dicendo che questi altri uomini hanno la medesima «realtà metafisica che ho io».

In seguito a ciò stimo tali uomini come stimo me stesso. E notiamo subito che si tratta qui di una stima che posso chiamare «metafisica», per distinguerla dalla stima «morale». Essa non ha nulla a che vedere con la stima del merito o della colpevolezza; ma denota il riconoscimento, nell'individuo stimato, di un nucleo «assoluto», come quello che poco fa riconobbi in me, cioè di un insieme di valutazioni trascendenti il mondo empirico. Sentimentalmente considerata, la stima metafisica equivale all'ammissione di una forza infinita nell'individuo, forza che può dar luogo da un momento all'altro a qualche decisione inspiegabile per via scientifica.

Ma se vi sono senza dubbio molte persone, nelle quali il metodo analogico sopra accennato mi porta ad ammettere una «realtà metafisica» analoga alla mia, vi sono però altre persone rispetto alle quali accade precisamente il contrario.

Se verifico che un individuo X trovandosi in condizioni simili alle mie, agisce, non una ma cento volte, in disaccordo completo con le mie valutazioni; se per di più verifico che egli dichiara, e mostra con i suoi atti, di non sentirsi minimamente colpevole: che cosa dovrò ammettere? Una delle tre seguenti cose: o l'individuo X è falso a un grado ripugnante (come lo sarei io se mi comportassi alla sua maniera); o l'individuo X trova in sé valutazioni con un carattere di assolutezza come le mie, ma opposte alle mie; o infine egli non trova in sé alcuna valutazione.

Trattandosi in tutto ciò di un discorso analogico, che non implica nulla di universalmente controllabile, potrei ad arbitrio accogliere una qualunque delle tre accennate conclusioni.

In pratica trovo molte difficoltà ad accogliere la prima, perché non riesco a immaginare me stesso in un tal grado di falsità, ossia non riesco a immaginarmi così colpevole come sarebbe l'individuo X e pur così tranquillo come egli si mostra.

Né stimo più facile la seconda conclusione: l'esistenza di due valutazioni opposte fra loro ed entrambe assolute – sia pure esistenti in due individui diversi – mi pare infatti qualcosa di impossibile (osservo qui che si tratta di impossibilità intuitiva, non logica; perché non ha senso voler applicare qui un dato sistema logico, come per esempio quello della logica classica). Né tanto meno posso ammettere che siano «giuste» le sue valutazioni ed «erronee» quelle che trovo in me; ho già spiegato infatti nei paragrafi precedenti che le mie valutazioni non si rivelano né più forti né più deboli per il fatto di un eventuale accordo o disaccordo con i giudizi dei miei simili.

La terza soluzione è forse la più ammissibile, sebbene essa pure ripugnante.

Tanto quest'ultima quanto la seconda ci portano, del resto, alla stessa conclusione: allorché io e un altro individuo, di fronte alla medesima serie di atti, ci troviamo davvero in disaccordo completo (valutandola io assolutamente buona ed egli cattiva o viceversa), noi riveliamo l'uno all'altro, con un tal disaccordo, di non avere la medesima realtà. Invece di ritenerci colpevoli o falsi, è assai più giusto, in simile ipotesi, che ci riteniamo semplicemente diseguali.

Poiché la stima che io faccio delle mie valutazioni non è la stima di me come persona contingente (cioè dei miei eventuali meriti e delle mie colpe), ma è la stima dell'assoluto che trovasi in me come qualcosa che mi trascende, sarebbe assurdo e ridicolo voler fare qui sfoggio di modestia. Il negare, in questo caso, una differenza metafisica tra me e l'individuo X è piuttosto un segno di ipocrisia che non di sincera umiltà.

L'analisi empiristica ci ha persuasi tante volte ad abbandonare idee che parevano le più comuni e le più evidenti. Non dovremo quindi, proprio adesso, aver paura di abbandonare anche il postulato dell'«eguaglianza metafisica di tutti gli uomini». Per quanto triste e difficile, questo abbandono è in fondo un atto di sincerità. Né si ha da temere che il riconoscimento di una disuguaglianza fra gli uomini giustifichi un differente modo di comportarci verso i differenti individui: il modo di agire verso gli altri dipende infatti dalla coscienza di colui che agisce, non di coloro ai quali è diretta l'azione.

Si comprende del resto assai bene che l'abbandono dell'anzidetto postulato potrà sempre evitarsi, modificando quel metodo analogico con cui si interpretarono alla nostra stregua le azioni altrui. Comunque si cerchi di evitare le nostre conclusioni, bisogna però non perdere mai di vista che - per l'individuo il quale trova in sé valutazioni morali - tutto può venir posto in dubbio fuorché l'assolutezza di queste valutazioni.

II.

L'ESSERE UMANO COME INDIVIDUO

Filosofare significa riflettere sulle esperienze umane in un modo assai caratteristico, che qui per semplicità vogliamo supporre conosciuto. Fra tali esperienze hanno una primaria importanza quelle della vita conoscitiva; esse non esauriscono però l'intera esistenza dell'uomo e quindi non costituiscono l'unico oggetto della riflessione filosofica.

Tutti gli atti di conoscenza tendono a determinare l'oggetto conosciuto e a esprimerlo, facendo sì che anche altri possa comprenderlo; in particolare gli atti conoscitivi superiori tendono a costruire una teoretizzazione degli oggetti, cioè a inserirli in teorie logiche ben sistemate e organicamente costituite. Gli atti non conoscitivi sono di altro genere: essi non hanno di mira la descrizione o l'espressione di alcunché, ma riguardano la prassi e la vita sentimentale. In altre parole: gli atti non conoscitivi ci fanno vivere (ci fanno lottare, odiare, amare, ecc.), ci pongono nel mondo non in figura di esseri contemplativi, ma in figura di esseri partecipi della sua esistenza.

Pure su di essi – s'è detto – il filosofo deve dirigere il proprio studio; e, se vuole, può farlo senza venir meno ai canoni del razionalismo neoempiristico, come abbiamo cercato di dimostrare nel capitolo precedente; può cioè procedere, anche in questo campo, in modo che i suoi asserti siano forniti di un significato empirico preciso e i suoi risultati siano rigorosamente controllabili.

L'analisi del filosofo va tenuta ben distinta da quella dello psicologo: questi infatti si propone di spiegare gli stati d'animo, costruendo ingegnose ipotesi sulla loro nascita e sul loro possibile sviluppo, sulle loro reciproche influenze, sul loro complicarsi e variare più o meno sottoposto a regole abbastanza costanti; quello invece mira – quale primo passo – a descriverli esattamente proprio come si presentano a noi, ponendo in luce le più fini differenze che distinguono uno stato d'animo dall'altro, ed evitando nella loro descrizione ogni appello a ipotesi estranee, ogni implicito riferimento a idee preconcette circa la loro natura materiale o spirituale; mira cioè a prendere atto dei loro caratteri effettivi e controllabili con la stessa cura e la stessa precisione con cui si suol prendere atto dei caratteri dei fenomeni fisici. Il metodo dello psicologo può essere: o l'esame di ciò che vi è di più intimo e più nascosto nell'animo umano (cioè la cosiddetta introspezione), oppure lo sperimento macchinoso e paziente, secondo che il ricercatore sia seguace di un indirizzo soggettivistico o di un indirizzo scientifico; il metodo del filosofo è la precisazione critica accuratissima dei fatti nella loro purezza (spogliati da ogni aggiunta poetica o fantastica), cioè di tutti i cosiddetti protocolli, di tutti i dati effettivamente osservabili, indipendentemente dalla circostanza che l'uomo comune li chiami reali o irreali, fisici o psichici, esterni o interni. Per essere più precisi: il metodo del filosofo consiste – come spiegammo nel capitolo precedente – nell'identificare ogni stato d'animo con la serie delle manifestazioni mediante le quali esso si realizza e nel rifiutarsi di attribuirgli, oltre questa, altra consistenza non verificabile; prescindendo perciò dalle classificazioni scientifiche o metafisiche degli stati d'animo, che non trovano fondamento in tali manifestazioni. Il risultato di queste ricerche del filosofo razionalista è una scrupolosa fenomenologia delle esperienze umane, fenomenologia che costituisce il primo indispensabile gradino per elevarsi a definizioni non artificiose e per costruire, a mezzo di esse, proposizioni e discorsi non vuoti di senso, ma esattamente verificabili.

Se la fenomenologia degli atti di conoscenza costituisce la base indispensabile per lo studio del mondo in generale, quella delle esperienze non conoscitive costituisce la base indispensabile per lo studio specifico della cosiddetta anima umana. Risultano quindi profondamente dogmatici quegli indirizzi e sistemi che pretendono costruire una teoria dell'uomo senza aver compiuto con esattezza tale indagine fenomenologica. Essi inventano al proprio scopo dei concetti cui non corrisponde nulla di reale; creano schemi che si lasciano di fatto sfuggire le più importanti manifestazioni dell'essere umano;

pretendono di essere logici, ma in realtà non lo sono, perché non sanno attenersi ai primi canoni della critica razionalistica.

Alcuni indirizzi dogmatici immaginano che la «vera» realtà umana sia costituita dallo «spirito» («Io» con l'i maiuscola), inteso come «essere universale», di cui gli individui effettivi costituirebbero soltanto particolarizzazioni illusorie e contingenti. In perfetto contrasto con essi noi vedremo invece nel presente capitolo che una fenomenologia scrupolosa delle esperienze umane ci pone innanzi a certi atti caratteristici (o, meglio, a certe «serie di atti»), le cui proprietà essenziali sono inconciliabili con una interpretazione non individualistica dell'essere pensante.

Altri indirizzi, contrari ai precedenti, sono caduti nell'errore di interpretare la parola «individuo» in senso metafisico (quasi denotasse qualcosa di chiuso in sé, senza porte e senza finestre, come la monade leibniziana) e di voler dedurre logicamente da questa interpretazione metafisica le proprietà effettive dell'essere umano. In contrasto con essi, risulterà dalla presente analisi che il concetto di individuo non può venire definito a priori, come non lo possono gli altri concetti che servono alla descrizione del reale. Interpretare l'individuo come un'entità chiusa significa lasciarsi trarre in inganno dai pregiudizi tradizionali connessi alle parole «unità», «individualità», «anima», ecc. Chi voglia procedere razionalmente, deve invece attribuire ad esso tutte e sole quelle proprietà che l'osservazione ci fa conoscere, deve cioè tenere ben presente che la definizione del termine «individuo» può costituire la conclusione, e non il punto di partenza, di una fenomenologia critica [1].

Sforzandoci di superare questi errori, noi siamo fermamente decisi a non lasciarci influenzare da alcuna teoria preconcetta, ma a condurre la nostra analisi con metodo critico e moderno. Purtroppo la brevità dello spazio non ci consentirà di precisare ogni volta tutti i fatti che corrispondono alle nostre parole, sicché dovremo accontentarci non di rado di ricorrere a espressioni comuni e alquanto ambigue. Speriamo tuttavia che i fatti qui schematicamente menzionati possano, se non altro, avere un valore indicativo, cioè servire di guida al lettore, onde egli completi da sé la ricerca secondo le esigenze del più schietto razionalismo. A tale scopo ci permettiamo di ricordargli, ancora una volta, che in questa *sua* ricerca egli dovrà preoccuparsi soprattutto di mantenere la propria analisi sempre fredda e obiettiva, ed anche allorché rivolgerà lo sguardo ai cosiddetti «stati d'animo profondi» (che non sono affatto parole vuote di senso, ma sono stati d'animo effettivi, i quali si realizzano – come tutti i «veri» stati d'animo – in serie di atti perfettamente verificabili), egli dovrà evitare con scrupolo di far ricorso a espressioni affascinanti e poe-

[1] Mentre nel capitolo precedente abbiamo studiato l'individuo per quanto vi è in esso di meno comunicabile, di valido soltanto per lui, cioè per le sue valutazioni, qui invece lo studieremo in quelle serie di atti che, pur essendo schiettamente individuali, posseggono tuttavia una qualche verificabilità.

tiche, per rimanere sempre nel campo dell'esatto e del verificabile.

[Come risulta da questa stessa Introduzione, il presente capitolo ha un carattere alquanto particolare; ed invero non discute in generale che cosa siano i sentimenti, le valutazioni, le emozioni e così via, ma esamina scrupolosamente dieci *fatti* dove già con questo nome si vuole indicare che essi sono qualcosa di dato, di empirico, non di puramente immaginato o fantasticato. Ciascuno di questi fatti viene analizzato obiettivamente, in taluni casi crudemente, senza infingimenti e senza voli più o meno lirici. Né si tratta di ricavare caratteri di questi fatti da una definizione aprioristica dell'individuo o da un esame introspettivo dell'animo umano, ma da un attento esame fenomenologico.

I singoli fenomeni – più o meno belli che siano – vanno studiati in tutte le loro sfumature, confrontati gli uni con gli altri, scavati in profondità. Ne segue che in parecchi casi gli appunti che qui si raccolgono hanno un certo sapore autobiografico, che li ricollega al momento in cui vennero annotati: per lo più alla guerra partigiana, proprio perché furono "buttati giù" fra un'azione e l'altra, fra un "rastrellamento" e l'altro, sotto una roccia o in una casupola di montagna. Nelle presenti integrazioni è parso opportuno segnalarlo di volta in volta, perché in tal modo gli appunti rivelano più apertamente la loro concretezza e i loro limiti.

Appunti e integrazioni sono incentrati sull'individuo concreto, sul vissuto, su ciò che l'autore ha esperito personalmente in quell'epoca e quindi non hanno un valore universale, ma possono stimolare interessanti riflessioni nei lettori, siano essi studiosi di filosofia o no.]

1. Fatto primo: la collaborazione.

Fra le esperienze che ci presentano in forma

più chiara il mondo umano come un mondo di individui vi è l'esperienza della collaborazione.

Per comprenderne i caratteri costitutivi fondamentali è opportuno accennare anzitutto alle differenze che intercorrono fra essa e altri atti, ai quali viene di solito assimilata. Sono questi gli atti nei quali l'uomo «si serve» di certe forze anonime (quali per esempio le forze naturali) come di strumenti per la realizzazione dei propri fini. In questi casi, com'è facile comprendere, sarebbe privo di senso parlare di collaborazione fra l'uomo e tali forze, perché la natura - pur cooperando con noi - non si rivela in alcun modo cosciente del fine per cui noi operiamo; essa obbedisce a noi, esegue i compiti che noi le affidiamo, senza però approvarli o disapprovarli. In modo analogo ha senso affermare che noi ci serviamo di una parte del nostro corpo (di un braccio, una gamba, un occhio), senza che abbia senso far parola di una reale collaborazione fra noi e questa parte.

Non di rado anche taluni esseri umani accettano di compiere questa funzione di puri servi, funzione che - almeno di principio - potrebbe venir eseguita da una macchina, opportunamente congegnata; essi sentono però la bassezza della loro posizione, e provano non poco rancore verso chi mostra di aver compreso il carattere servile del loro ufficio [1].

[1] Essi fanno appello alla propria posizione di puri servi, unicamente per scindere la loro responsabilità da quella dei padroni, che li obbligano a compiere certe azioni, da loro stessi giudicate immorali e riprovevoli.

[Nel § 1 si fa implicito riferimento al problema, molto dibattuto negli anni 1943-45, se sia possibile distinguere il servo dal collaboratore ("servi" erano i militi fascisti nei confronti dei nazisti, "collaboratori" i civili che fornivano al nostro nemico informazioni sui movimenti partigiani e sulla loro effettiva forza). Alcuni ritenevano che il servo fosse spregevole in quanto disposto ad accettare lo stato di servitù, ma non coinvolgibile nelle colpe del padrone. Invece il collaboratore - così almeno si pensava - sarebbe coinvolto nelle colpe di colui al quale collabora, perché non collaborerebbe con lui se non ne condividesse almeno in parte le finalità.]

Di tutt'altra natura, invece, è l'atto della collaborazione: esso ci pone innanzi a un altro essere, affermantesi come un'attività «pari a noi», cioè come un essere distinto e pur simile al nostro. Chi collabora con noi è un uomo il quale, almeno in via teorica, può discutere con noi e col quale noi a nostra volta possiamo discutere. In via di fatto sarà opportuno che uno dei due obbedisca all'altro, accetti il parere dell'altro perché più esperto e più competente; però non si tratta mai di obbedienza passiva, di sottomissione indiscussa. L'obbedienza *perinde ac cadaver* è il contrario della collaborazione: essa implica la rinuncia alla propria responsabilità, mentre la collaborazione implica il permanere di essa, sebbene condivisa con quella di altri.

La collaborazione costituisce una delle esperienze fondamentali della nostra vita, in quanto questa vita ci pone assai di frequente innanzi a compiti che superano le nostre forze di individui: allora noi ricorriamo ad altri, non per farli servire quali puri strumenti ai nostri ordini ma per costituire insieme con essi un organismo superindividuale capace di ottenere ciò che da soli non potevamo ottenere. In altri termini: la fenomenologia della collaborazione ci fa scoprire in essa tre caratteri ineliminabili: 1) la presenza di più esseri distinti l'uno dall'altro, e capaci di comunicarsi i propri desideri e propositi; 2) la presenza di un fine condiviso da tutti questi esseri; 3) la ferma decisione di essi di coordinare le loro azioni per il raggiungimento di questo fine.

Ciascuno di tali esseri avrà, in quest'azione combinata, il proprio compito specifico. Tuttavia ciascuno dovrà nutrire una sì grande fiducia nelle capacità degli altri, da essere disposto a condividere con essi la responsabilità generale dell'azione, il successo o la sconfitta. Per accettare di collaborare con un altro occorre dunque, innanzi tutto, un atto di fiducia in lui, e non soltanto in lui come esecutore di ordini ma proprio in lui come personalità capace di agire, di prendere iniziative, di risolvere difficoltà improvvisamente sorgenti. Occorre inoltre una buona fede negli impegni: e cioè la decisione sincera di operare con l'altro anche se l'azione di lui non ottiene il successo voluto; cioè di non abbandonarlo appena lo si vedesse precipitare, cercando di scindere la propria sorte dalla sua. Occorre volere seriamente il fine comune; non volerlo soltanto a parole, non giocare d'astuzia, non fingere e nascondere sotto il manto della collaborazione la ricerca di un fine particolare, rispetto a cui gli altri diventano soltanto strumenti inconsapevoli.

In conclusione: nella collaborazione la realtà umana è vissuta come realtà individuale; l'attività degli individui che collaborano, il riconoscimento di ciascuno di essi come centro attivo e come soggetto responsabile, sono fatti d'esperienza dei quali il filosofo non può non tener conto. Se vuol prescindere dal concetto di individuo, egli deve rinunciare a descrivere l'esperienza della collaborazione, o affermare che essa è un'esperienza illusoria, priva di realtà.

2. Fatto secondo: la lotta.

Il linguaggio comune usa il termine «lotta» in tre casi: lotta contro gli uomini, lotta contro la natura, lotta contro il caso; però queste tre esperienze sono profondamente distinte fra loro.

Contro il caso - a voler essere precisi - non si combatte. La cosiddetta lotta contro di esso consiste: da un lato, in un tentativo di diminuire, nelle nostre azioni, la parte sottoposta al caso (sebbene sia impossibile annullarla, non potendosi prevedere integralmente lo svolgersi del futuro); dall'altro, in uno sforzo soggettivo di temprare il proprio carattere, sì da non lasciarsi abbattere dalla sorte avversa.

La cosiddetta lotta contro la natura consiste nel tentativo di afferrare le leggi dei fenomeni, sì da poter intervenire nello svolgimento di essi ed evitare che danneggino noi o le persone e gli oggetti a noi cari.

La lotta contro l'uomo è invece un fatto di tutt'altro genere: è l'azione diretta a vincere un'individualità diversa dalla nostra. E proprio perciò è un riconoscimento di essa; riconoscimento tanto più vivo quanto più tormentoso è lo sforzo richiesto per vincerla, per indovinare le sue mosse, le sue intenzioni, le sue possibilità di offesa, per sfuggirla e colpirla.

Questa, che è la vera lotta nel senso rigoroso del termine, riesce infinitamente più aspra di quella contro il caso o contro la natura; è una lotta senza quartiere, che non può avere termine se non con la resa totale di uno dei due lottatori. Nella cosiddetta lotta contro la natura o contro il caso il termine «resa» non ha senso, né ha senso affermare che la natura o il caso vengano sconfitti. Si può «sfuggire» al caso, si può «domare» la natura, non si ha la possibilità di vincerli. Invece, nella lotta tra uomo e uomo, si può sconfiggere l'avversario, abbatterlo, obbligandolo a capitolare senza condizioni. Anzi, questa lotta non ha termine se non quando uno dei due lottatori è riuscito a distruggere ogni resistenza dell'avversario, a incatenarlo, a godere della terribile ebbrezza di vederlo impotente ai propri piedi.

La lotta tra uomo e uomo è così terribile e tenace che, talora, essa non trova termine nemmeno nel momento della resa di uno dei due contendenti. In tale momento infatti sopravviene in aiuto del vinto l'arma più ingegnosa e pericolosa di cui l'uomo possa disporre: l'astuzia. Per mezzo di essa chi è momentaneamente sconfitto può riuscire a fingere, innanzi all'avversario, di essere un individuo innocuo, debole, privo di risorse, pronto a una sottomissione totale; così può riuscire a sfuggirgli, ad approfittare della sua noncuranza e ad attaccarlo di sorpresa con maggior veemenza di prima.

Non sempre la violenza dei lottatori è violenza fisica. Questa ha luogo allorché si agisce al di fuori della legalità, cioè nella cosiddetta «legge di guerra». Quando invece si agisce nella «legge di pace», si ha una violenza più velata e civile, ma non meno aspra né meno spietata di quella; tale per esempio la lotta tra due industriali, tra due diplomatici, tra due giornalisti. La legalità è puramente una veste esterna, che non impedisce agli uomini di combattersi senza quartiere fino alla rovina di uno degli avversari.

Il vero nemico non è oggetto di odio né di disprezzo: è oggetto di lotta. Egli è un ostacolo al compimento di un nostro progetto e, come tale, va necessariamente abbattuto. La constatazione di questa necessità non impedisce che si riconosca a lui il diritto di combatterci, e si parli di lui con rispetto comprendendo il suo valore e la sua energia. Ciò che separa i due avversari non è un sentimento di odio, ma la constatazione che i fini, cui essi tendono, sono fatalmente incompatibili tra loro. In modo analogo, nella collaborazione, ciò che univa i compagni di lavoro non era un sentimento di amicizia o di affetto ma la constatazione di tendere tutti alla realizzazione di un medesimo fine. Nell'una come nell'altra esperienza ciascun individuo ha modo di constatare la personalità dell'altro, come personalità attiva, ricca di risorse, di rendimento, di ingegno. Sia la collaborazione che la lotta ci pongono innanzi al fatto indiscutibile dell'esistenza di altri individui; facendoci operare con essi o contro di essi ce li fanno conoscere, ce li fanno «sentire con immediatezza» nella loro alterità da noi che non esclude la nostra reciproca affinità.

Soltanto in un caso la fenomenologia della lotta può fare a meno del concetto di individuo. Ciò accade quando la lotta perde ogni carattere umano, poiché ognuno dei due lottatori, invece di combattere l'avversario per eliminare un ostacolo al raggiungimento dei propri fini, perde di vista questi stessi fini e si batte solo più nell'intento di sopprimere il nemico. In questo caso egli si butta nella lotta avendo già scontato la propria morte; attacca disordinatamente senza pensare alla difesa; si trasforma in forza bruta, in furia orrendamente lanciata all'offesa.

A questo caso anti-umano fa contrasto l'altro, spiccatamente umano, in cui la lotta non sorge da alcun reale contrasto di finalità ma dal puro desiderio di mettere alla prova il proprio e l'altrui ingegno, il proprio e l'altrui ardimento; è questo – come tutti comprendono – il caso della competizione sportiva.

[Il fenomeno "lotta" come è analizzato nel § 2 si richiama più alla terza guerra mondiale che alle guerre precedenti, perché queste potevano terminare con un compromesso, quella no. Da notarsi ciò che si dice a proposito della lotta nella "legge di pace" perché l'autore dimostra qui di avere scarsa fiducia nelle lotte condotte entro il quadro designato come "legge di pace" o anche come "stato di diritto".]

3. Fatto terzo: l'amicizia.

Il rapporto d'amicizia è molto diverso da quello di collaborazione. Se talvolta l'amico è colui col quale si collabora, più spesso egli agisce in un altro campo, differente dal nostro, e perciò si trova fuori dalla possibilità di collaborare con noi. Nemmeno si può escludere, a priori, che egli si trovi eccezionalmente fra i nostri stessi avversari, ove – beninteso – questo concetto di «avversario» si riferisca a una lotta, non tra due individui, ma tra due gruppi di individui (per esempio tra due nazionalità, tra due partiti politici, ecc.).

Per essere più precisi: il vincolo di amicizia non implica l'identità dei fini, per la realizzazione dei quali operano i due amici. Una cosa sola si richiede a questo riguardo: che l'insieme dei fini propostisi dall'uno goda, nel suo complesso, la stima anche dell'altro. Mentre il rapporto di collaborazione interessa l'opera esterna degli uomini, ed implica perciò che ogni socio nutra una certa fiducia nelle capacità pratiche e nella serietà d'intento dell'altro o degli altri soci, il rapporto di amicizia interessa piuttosto la disposizione intima del loro animo: richiede che esista tra i due amici una sincera simpatia affettiva e sopra tutto una profonda stima morale.

L'amicizia però non si esaurisce in un atteggiamento puramente teorico; essa implica tutta una lunga serie di atti caratteristici e si realizza soltanto in questa serie di atti. L'amico è colui che può contare su di noi, che in qualunque momento può far ricorso alla nostra solidarietà. E, viceversa, è colui sul quale noi possiamo far affidamento nelle circostanze più difficili della nostra vita.

Implicando un rapporto di stima, il vincolo di amicizia implica una disposizione favorevole tra gli individui. Esso non impedisce, naturalmente, che si riconosca con obiettività l'errore o il peccato dell'amico: impedisce però che, in base a quest'errore o a questo peccato, si perda ogni fiducia in lui, ogni stima morale per la sua personalità umana.

Senza far uso del concetto di personalità è per principio impossibile descrivere il fatto dell'amicizia. Non soltanto essa si pone come un rapporto fra individui, ma coinvolge proprio la parte più profonda dell'individualità, tocca le corde più intime dell'animo umano. Essa crea tra i due amici una situazione assolutamente nuova: per essa due uomini non si conoscono soltanto dall'esterno come due collaboratori, non si limitano a «studiarsi» a vicenda come due lottatori, ma si svelano l'uno all'altro: partono dalla loro individualità per superarla.

Il riconoscimento dell'individuo è un punto di arrivo negli atti di collaborazione e di lotta; è invece il punto di partenza nel rapporto di amicizia; è il presupposto per il sorgere di esso. Che l'amico sia per l'amico una «persona» è una verità che non si discute; il problema, qui, non è di riconoscere l'esistenza di questa personalità distinta dalla nostra, ma di superare la barriera che inizialmente separa le nostre due persone. «Superarla» non nel senso di creare delle due vite un'unica vita, ma nel senso di eliminare tra i due quella diffidenza sistematica che caratterizza i rapporti fra gli uomini.

La caratterizzazione più appropriata del fenomeno «amicizia» è, forse, una caratterizzazione negativa: «l'amico è colui che non ti tradisce». «Ti può disapprovare, e ti esprimerà apertamente la sua disapprovazione. Può rifiutarsi di collaborare con te, non condividendo il fine che tu ti proponi; può financo lottare contro di te, perché ritiene che tu sia in errore circa la valutazione del fine per cui combatti. Ma non può tradirti, né per interesse, né per trascuratezza, né per viltà. Non compirà mai azione alcuna che possa tornare a tuo danno reale; non ti venderà per salvare se stesso; non svelerà i tuoi segreti al tuo vero nemico. Preferirà morire piuttosto che abbandonarti.»

Nel momento della prova più dura, l'individuo constata in sé una disposizione d'animo che potrebbe chiamarsi «ebbrezza dell'amicizia». Per causa di essa va incontro al sacrificio non soltanto con serenità, ma con entusiasmo. Non si tratta, invero, del sacrificio freddo per un ideale lontano, che non perderebbe nulla della sua maestà se noi, per debolezza, venissimo meno ad esso; nemmeno si tratta del sacrificio per il dovere, pesante e rigido, cui si tien fede perché non si ha il coraggio di farla finita con una tradizione secolare. Si tratta di una esperienza di natura profondamente diversa; il sacrificio è, in questo caso, l'atto supremo per mezzo del quale si prova all'amico - cioè a un essere vivente, concreto, reale - che noi gli siamo fedeli, che abbiamo stabilito con lui una solidarietà capace di vincere il nostro egoismo. Il sacrificio per l'amico non si può nemmeno considerare come un atto altruistico, nel senso comune di questo termine: esso è qualcosa di profondamente utile anche per noi, in quanto ci fa oltrepassare la nostra limitatezza, ci insegna ad aprirci, ci fa godere le gioie della fiducia. Una volta sperimentata la nostra amicizia col sacrificio, non soltanto questo amico per cui ci siamo ora sacrificati potrà fidarsi di noi; ma anche un altro qualunque potrà avere fiducia nella nostra parola; noi stessi potremo avere fiducia in noi, e sapremo con certezza che l'amicizia non è, per il nostro io, un termine vano o una illusione.

Il sacrificio per l'amico è l'esaltazione dell'individualità, in ciò che essa possiede di più generoso e più bello. Chi non ha occasione di affrontarlo, può dubitare dei propri sentimenti; può temere ch'essi lo ingannino malgrado ogni più rigorosa autocritica. Chi l'ha affrontato almeno una volta nella sua vita, sa di non correre questo pericolo.

[Qui si sottolinea che il fenomeno amicizia va ricollegato alla "stima morale", in quanto senza questa, quella vien meno. Si noti la differenza fra il sacrificio per un amico, cioè per un essere concreto, e quello per un ideale astratto, come il dovere o la patria, ecc.]

4. Fatto quarto: l'odio.

La fenomenologia dell'odio è intimamente connessa a quella dell'offesa.

Si dice che un individuo A offende un individuo B quando egli dimostra, con gli atti e con le parole, di avere in dispregio ciò cui l'individuo B attribuisce invece un grande valore. Si tratterà, in particolare, di «offesa essenziale» allorché il disprezzo di A colpisce proprio uno dei valori più cari a B, cioè uno dei valori su cui B orienta tutta la propria vita; per esempio il valore della scienza (anzi, di un determinato ramo di essa) per uno scienziato serio e sincero; il valore dell'affetto familiare per un padre che ami realmente i propri figli; il valore della libertà per chi l'abbia conquistata attraverso una lunga e dura lotta; il valore del bello per l'artista; il valore della parola data; ecc.

Sarebbe naturalmente molto pernicioso considerare come reale un'offesa che è soltanto apparente. Ciò accade, però, ben di rado. L'individuo offeso comprende invero, senza difficoltà, se il disprezzo mostratogli dall'offensore è effettivo o no, se è dovuto a ignoranza o a momentanea irritazione, ovvero è un «disprezzo metafisico» che impegna tutta la sua persona. L'offesa risulta poi tanto più grave quando è inaspettata. In questo caso l'individuo B si sente colpito in ciò che ha di più sacro, nella propria sincerità. Egli si accorge che A l'aveva ingannato, fingendo di condividere le sue stesse valutazioni, unicamente per sfruttare le sue capacità e il suo spirito di sacrificio; si accorge che aveva finto di essere coraggioso e amante della libertà, mentre era in realtà un ambizioso, un arrivista, un uomo di spirito grossolano e servile. Di fronte a sì dolorosa sorpresa scoppia nel suo animo, con potenza irresistibile, quel complesso di sentimenti e di passioni che suol denotarsi col nome di odio.

Mentre nel rapporto di amicizia l'amico tende a formare con l'amico un'unità di ordine superiore all'individuo, oltrepassando la limitatezza di ciascuno dei due, nell'odio invece l'individuo offeso cerca di elevare tra sé e la persona odiata una barriera insuperabile, totale, assoluta. Egli non vuole avere più nulla in comune con lui; vuole che la persona odiata scompaia, non esista più. L'esperienza dell'odio, analogamente a quella dell'amicizia, parte da un riconoscimento iniziale dell'individualità: però, in questo caso, l'individualità dell'offensore viene riconosciuta solo per essere negata, per venire separata dall'odiatore, per annientarsi ai suoi occhi.

Non senza motivo la tradizione cristiana afferma che l'animo pio deve odiare soltanto il demonio: e infatti per odiare un essere, bisogna identificarlo col puro male, negare in lui qualsiasi virtù, fissarsi unicamente sopra i suoi difetti. D'accordo con ciò, essa esclude poi che la carità cristiana possa rivolgersi anche all'essere demoniaco: l'odio è invero inconciliabile, per principio, con qualunque simpatia e qualunque affetto.

Nella lotta si può stimare il nemico con cui si combatte; a volte si può anche ammirarlo, e perfino nutrire una certa simpatia per lui, malgrado si comprenda che egli è di fatale ostacolo al raggiungimento dei nostri fini. Nell'odio invece la situazione è radicalmente diversa: non si accetta alcun contatto con la persona odiata, nemmanco la lotta (la lotta, in fondo, avvicina i due lottatori); si cerca unicamente di distruggerla ai propri occhi, di cancellare dal proprio animo ogni traccia sia pur minima di essa.

L'odio non tende alla vendetta. Questa costituisce, in certo senso, una riparazione dell'offesa: e infatti, dopo la vendetta, si può dire ricostituita una situazione di parità tra l'offeso e l'offensore, e su tale situazione possono rinascere rapporti di collaborazione e di comprensione. L'odio invece non ammette nulla di simile: è una separazione totale tra due individui, un abisso incolmabile; non può venire riscattato o riparato, impegna per sempre la persona dell'offeso. Il male – qualunque esso sia – con cui, trovandosi nell'occasione, l'offeso ricambierà l'offensore, non costituirà per lui che un piccolo particolare: sarà una fra le tante manifestazioni del suo odio, un anello di una interminabile catena, non la conclusione di esso.

Per fortuna dell'umanità non ogni individuo è costretto, durante la sua vita, a sperimentare nel proprio animo il vero odio. Chi però l'ha sperimentato, ha vissuto in esso una fra le prove più immediate del carattere individuale dell'essere umano; prova di cui il filosofo deve tener conto - malgrado il suo carattere palesemente immorale - se vuol comprendere la realtà con occhio di razionalista, non con animo di sognatore.

[Collegando l'odio all'offesa intendevo escludere la possibilità di odiare il nemico che è in guerra con noi; infatti questo nemico non ci offende, ma fa o crede di fare semplicemente il suo dovere. Posso invece odiare il commilitone o il "superiore" che mi umilia, che mi dà un ordine secondo me palesemente sbagliato, senza voler ascoltare i miei consigli solo perché questi provengono da me, cioè da una persona inferiore nel grado a lui, una persona che non ha il suo passato politico o militare. Anche questa volta si tratta di un'esperienza da me direttamente vissuta.]

5. Fatto quinto: la superbia.

Non vale la pena spendere parole, per dimostrare che la superbia e la vanità sono due esperienze assolutamente inconfondibili fra loro. È invece opportuno insistere sulle differenze tra superbia e orgoglio.

L'orgoglio non ha per oggetto la persona ma un fatto particolare, preso in se stesso nella sua esistenza singola, non collegata ad alcuna individualità. Ha senso, per esempio, asserire che la scoperta di una verità scientifica o la creazione di una bella sinfonia musicale sono «ben giusti oggetti d'orgoglio». Sono cioè atti che si distinguono, per le proprie caratteristiche oggettive, dagli altri innumerevoli atti, compiuti or qui or là dagli uomini; e quindi meritano una particolare stima e suscitano una particolare ammirazione. Anche se quella scoperta scientifica o quella creazione artistica traessero origine dal medesimo spirito da cui derivano gli atti del più basso commercio o del furto più spregevole, essi non perderebbero per ciò il loro valore, né riuscirebbero confondibili con tali atti per l'identità della loro origine. Anche se – per astratta ipotesi – l'umanità non fosse costituita da spiriti individuali ma da un unico «spirito», avrebbe senso distinguere, fra gli atti di questo spirito, quelli dei quali esso può andare orgoglioso e quelli invece dei quali non può in alcun modo vantarsi. L'orgoglio, insomma, non implica un riferimento all'uomo come persona; non è un'esperienza che necessariamente richieda, per essere descritta, l'uso del concetto di individuo.

Ben altrimenti accade con la superbia. Questa è distinzione di individualità; anzi – per essere più precisi – è coscienza di tale distinzione.

Essere superbo significa pensare che gli uomini possono raggrupparsi in due classi fra loro molto diverse, ed essere convinti di appartenere alla classe superiore. Questa distinzione potrà venir compiuta in base a criteri diversi: l'uno opporrà gli uomini che sanno morire per la libertà a quelli che si accontentano di vivere come servi; l'altro opporrà gli uomini che sanno trovare in se stessi la coscienza del bene a quelli che hanno bisogno dell'autorità altrui per fondarvi la distinzione del bene e del male; ecc. Il criterio di questa scissione non interessa; l'importante è che essa costituisce una scissione tra due classi di individui; scissione non descrivibile né definibile senza far uso del concetto di individuo. La superbia non ha per oggetto un qualche atto, di particolare valore, né una bella qualità dello spirito; essa impegna proprio tutta la personalità dell'individuo nei suoi rapporti con la personalità altrui.

Essere superbi non significa credersi perfetti o tanto meno ritenersi superiori a tutti gli uomini; anche nella classe superiore vi sono infatti innumerevoli distinzioni di merito e di valore. Però le differenze fra gli individui di una classe sono differenze di grado; mentre quelle tra l'una e l'altra classe sono differenze sostanziali o di qualità. L'appartenere all'una o all'altra classe non è un merito, né è il risultato di uno sforzo; i teologi cristiani direbbero che è effetto della predestinazione divina, ben sapendo di fare appello, con ciò, a qualcosa di misterioso e inspiegabile. Checché si pensi, a ogni modo, su questo problema, ciò non può eliminare l'immediatissima esperienza che l'animo superbo prova della distinzione ora spiegata. Negare tale esperienza potrebbe avere un unico significato: potrebbe esprimere il desiderio che tutti gli uomini appartengano alla classe superiore (desiderio moralmente significativo, ma teoreticamente privo di interesse, come se qualcuno desiderasse che tutti gli oggetti siano rossi perché il rosso risulta, secondo lui, il colore più bello).

Riconoscere la distinzione qualitativa di due

tipi differenti di individui non significa affatto sostenere che ad essi spettino perciò diritti sociali o politici diversi. Il superbo non pretende affatto di venir posto, dalla società, in condizioni di privilegio estrinseco: la sua distinzione infatti è qualcosa di troppo profondo per trovarsi connessa a fatti contingenti come la ricchezza o la fortuna. Anche se chiuso in una prigione, se schiaffeggiato e disonorato, egli sa di essere superiore ai suoi persecutori. Lo sa, non per deduzione da certi principi teorici, ma per diretta esperienza; perché vive questa sua superiorità.

La vive interiormente, e ritiene che da questa superiorità derivino a lui doveri più gravi, del tipo di quelli che provarono tutti gli animi più delicati e più forti. Doveri e responsabilità maggiori, che aggravano la colpevolezza delle sue mancanze e rendono più acuto il pungolo del suo pentimento. Doveri dai quali egli non può esimersi, per quanto ben pochi altri li sentano. Egli vive questa diversità, connessa per principio all'esistenza stessa degli individui umani; i quali si rivelano a lui come unità inconfondibili fra loro, malgrado ogni sforzo dialettico dei filosofi dogmatici per provare che essi sono, tutti, attuazioni del medesimo «Io».

[Nel decennio 1933-43 ebbi la fortuna di frequentare a lungo Piero Martinetti (morto appunto nel 1943) del quale divenni ammiratore ed amico pur nella netta differenza fra le nostre posizioni teoretiche. Fui comunque profondamente influenzato dalla sua concezione della morale, e di questa influenza è ben chiara la traccia nel presente paragrafo e anche nelle pagine successive. Risale per l'appunto a Martinetti la teoria, qui accennata, secondo cui esisterebbero certe differenze radicali (metafisiche) fra gli individui, in base alle quali risulterebbe possibile suddividerli in classi strutturalmente diverse e pertanto considerare gli uni superiori agli altri. Per esempio Martinetti, cacciato per motivi politici da tutte le accademie, si sentiva superiore a tutti quei colleghi che il fascismo aveva colmato di onori e di gloria, e poteva quindi comportarsi superbamente nei loro confronti (come di fatto si comportava).

Nulla di strano pertanto che questa teoria di Martinetti, da lui più volte convalidata nella pratica, esercitasse un incontestabile fascino sui giovani migliori che gli erano vicini. E quando, alcuni anni più tardi, essi si trovarono travolti dalla bufera cruenta della guerra civile, si comportarono da individui "superbi" nel senso di Martinetti.

Ovviamente, pur conservando una grande ammirazione per la personalità di Martinetti e per il suo coraggioso comportamento di uomo libero, oggi non posso più condividere, nemmeno in piccole parti, le sue singolari idee sulla distinzione degli uomini in classi diverse e in certo senso contrapposte. So che esiste la loro suddivisione in classi economicamente contrapposte e in lotta fra loro, ma so pure che questa non ha nulla a che vedere con quella delineata da Martinetti; non senza motivo egli collocava alcuni umili contadini da lui ben conosciuti nella classe superiore e molti ricchi industriali in quella inferiore (insieme con parecchi illustri accademici).

Comunque sia, anche se oggi mi sento ben distante dalla posizione delineata e difesa nel 1945 sull'importante argomento ora accennato, non mi vergogno affatto di averla allora sostenuta; essa scaturiva da una esperienza concretamente vissuta e rifletteva sinceramente ciò che sentivo in quell'epoca.]

6. Fatto sesto: la benevolenza.

Il riconoscimento di appartenere alla classe superiore non fa sorgere nell'individuo umano il disprezzo per gli appartenenti all'altra classe: la sua disposizione d'animo verso di essi sarà piuttosto quella della benevolenza.

Per certo non si può pretendere da lui che si senta identico ad essi; ciò equivarrebbe a pretendere che egli abbia esperienze diverse da quelle che in effetti ha. Lo stesso precetto della carità cristiana non dice, a rigore, nulla di simile. Ciò che si può esigere da ogni animo fiero e superbo è che non si ritenga giustificato dalla propria superiorità a maltrattare chi gli è inferiore. Egli deve essere profondamente generoso verso di lui, e ciò non soltanto quando quest'uomo inferiore si comporta con onestà e rispetto, ma pure quando si comporta in modo vile e spregevole.

Senza dubbio gli uomini della classe inferiore accettano, a volte, certi uffici davvero ripugnanti. Si rendono, per esempio, strumenti passivi della malvagità altrui; torturano e uccidono chi cade nelle loro mani, senza indagare la legittimità del potere che fornisce loro questo diritto; si adattano, senza il minimo spirito di ribellione, alle condizioni che trovano intorno a sé, per basse e ingiuste che siano.

[Anche qui è manifesto il riferimento alla teoria or ora accennata di Piero Martinetti, ed ancora una volta debbo ripetere che oggi la ritengo inaccettabile, seppure interessante e caratteristica della mentalità del suo autore. Ma era pure presente il riferimento a quanto vedevamo compiere dai torturatori fascisti per ordine dei loro superiori fascisti o nazisti.]

Anche in questi casi, però, la benevolenza dell'uomo superiore sa oltrepassare la superficie esterna dei fatti, per cogliere l'aspetto più profondo della realtà. Rendendosi chiaro conto che le azioni or ora ricordate degli individui inferiori non hanno, per la loro personalità, alcun valore impegnativo; vedendo che essi si comportano in un modo tanto basso unicamente «perché non sanno quel che si fanno», l'uomo superiore risponde col bene al male, oppone la compassione alla bestialità, dimostra in tutti i modi a questi esseri inferiori di non voler loro imputare il male che essi compiono per meccanica sottomissione; ed esprime invece il desiderio di conoscere la loro vera anima, con i suoi problemi – grandi o piccoli che siano –, i suoi interessi, i suoi risentimenti, i suoi dolori.

Ecco che, allora, egli sperimenta un fatto assolutamente nuovo: fra lui e questi individui inferiori si crea, del tutto a parte dai rapporti esterni imposti loro dalla società, un vincolo di affettuosa sincerità e di spontanea simpatia. Quello stesso feroce custode che tiene incarcerato l'uomo superiore e lo sottopone a ogni angheria, per ordine di una autorità illegittima e spregevole cui egli si è venduto, si rivela a poco a poco come un essere buono, bisognoso di comprensione e di aiuto, ben felice di cercare l'uno e l'altra nella sua stessa vittima. Pur continuando a compiere con meccanica precisione quelle azioni esterne che il suo padrone gli ha imposto (sarebbe assurdo pretendere da lui la forza di ribellarsi), egli non tarda a riconoscere la superiorità effettiva dell'uomo contro cui ha l'ordine di infierire; e si confessa a lui, ed è felice di trovare in lui qualcuno che gli presti ascolto, che si interessi dei suoi problemi e dei suoi piccoli dubbi, insomma qualcuno che lo consideri come persona, non come puro strumento.

In questo tipo di esperienze – fra le più preziose agli occhi del filosofo – la realtà dell'individuo umano sembra esprimersi con sfumature tanto più delicate e fini, quanto più grossolano è l'ambiente in cui artificiosamente gli uomini si trovano costretti a vivere. Qui l'individuo si rivela davvero per quello che è: non un essere chiuso e insensibile, in cui albergano spontaneamente la viltà e la sottomissione, ma un essere vivo, aperto alla comprensione degli altri, disposto a riconoscere senza rancore la superiorità di chi gli vive vicino, bramoso di venire da lui sollevato, educato e amato.

La diversità degli individui non è sempre un motivo di incomprensione fra di essi; non eleva in ogni caso fra essi una barriera totalmente insuperabile. Quando per principio non può sorgere fra loro un vincolo di vera amicizia, può sorgere però un rapporto di affettuosa benevolenza, che li avvicina, li rende capaci di imparare l'uno dall'altro.

Né vi è a credere che da questa vicinanza abbia a trarre vantaggio soltanto l'individuo inferiore. La realtà dimostra il contrario. Il poter fare del bene agli altri, anche nelle condizioni apparentemente più sfavorevoli; il riuscir loro in qualche modo utili, malgrado che la sorte ci abbia artificiosamente posti gli uni contro gli altri; il saper spegnere nel proprio animo ogni risentimento e saper vedere ciò che le parvenze esterne nascondono, sono invero esperienze molto istruttive per chi sappia compierle con semplicità e sincerità. Esse possono far comprendere il valore della persona, anche là dove essa pare sommersa nel fango; possono rivelare certi aspetti dell'attività umana che sfuggono all'osservatore comune e al moralista schematico.

[Qui mi riferivo tacitamente a un toccante episodio che mi ha dato molto da riflettere; l'ho vissuto nelle carceri di Torino, dove mi trovavo prigioniero dei nazisti. Per comunicare con i carcerati italiani, essi si valevano di un giovane ebreo, ventenne, valente poliglotta. Questi veniva di tanto in tanto a trovarmi in cella, dove ero rinchiuso da solo. Inizialmente l'avevo in grande antipatia, perché era senza dubbio un feroce aguzzino e perché, pur essendo lui stesso un prigioniero (infatti non poteva uscire dal carcere ma solo muoversi liberamente all'interno di esso), sembrava godere delle umiliazioni inflitte ai carcerati, soprattutto ai più deboli. Ma la mia antipatia si attenuò quando mi confessò di essere ebreo e di aver visto torturare qualche anno prima tutta la propria famiglia, poi sterminata. A poco a poco cominciò ad avere una certa confidenza in me e mi aperse i più segreti sentimenti del suo animo, vigliacco ma non privo di finezze. Durante i giorni della Liberazione mi chiesi più volte che cosa avrei fatto, se per caso lo avessi incontrato. Lo avrei fatto fucilare o l'avrei fucilato io stesso, date tutte le infamie che aveva commesso, o lo avrei trattato con qualche indulgenza? Seppi che era riuscito a fuggire dal carcere il giorno prima ed era scomparso. Non ho più avuto notizie di lui, ma non posso dimenticarlo.]

7. Fatto settimo: la diffidenza.

Come abbiamo visto, i rapporti tra uomo e

uomo non sono, in alcuni casi, così duri come l'apparenza superficiale sembra mostrarci; in altri, però, non sono così sinceri e benevoli come un esame estrinseco ci indurrebbe a credere. Intendo qui riferirmi ai casi della falsa amicizia e della falsa benevolenza.

Chi per la prima volta si trova nella necessità di diffidare di qualcuno - e proprio di qualcuno che gli sta vicino - vive una delle esperienze più dolorose che l'animo umano conosca. Constatato il proprio errore, egli cercherà ingenuamente - se è alle sue prime esperienze di questo genere - di reagire con violenza, smascherando colui che lo sta tradendo: il più delle volte, però, comprenderà dopo pochi passi che la via della violenza non lo può condurre ad alcun risultato positivo. L'unica forma efficace, di reazione e di difesa alla falsità altrui, è la propria falsità. Occorre ingannare chi ci inganna, fingere di credere alle sue dichiarazioni, mentre si fa il possibile onde premunirsi contro le sue vere intenzioni. Occorre creare nei rapporti con lui una doppia esistenza: quella apparente e quella reale (tanto più reale, quanto più contrastante con la prima).

Colui del quale diffidiamo si comporta verso di noi come un essere sfuggente, come qualcosa di viscido che ci ripugna e pur ci sta intorno. Malgrado il nostro desiderio naturale di rivelarci a qualsiasi individuo col quale entriamo in relazione, con *lui* siamo costretti a fingere, innanzi al suo sguardo indagatore dobbiamo nasconderci, chiuderci in noi stessi. Egli ci spia, ci studia, ci tratta con amabile cordialità; le sue parole, però, non hanno per noi il loro significato usuale; i suoi atti perdono il proprio valore apparente: nella sua persona noi sperimentiamo un essere totalmente altro da noi, agli occhi del quale vogliamo rimanere estranei e impenetrabili. Lo sforzo nostro, come il suo, non è quello di superare la nostra alterità, bensì di mantenerla, anzi accrescerla. Il suo e il nostro io si rivelano, in questa strana lotta, come due nemici, ciascuno dei quali mira a svelare l'avversario senza svelare se stesso.

Diffidando degli altri, si impara a conoscere il proprio io. Si impara infatti a controllare le proprie parole, a frenare i propri impulsi, ad analizzare la propria «vera» volontà. Per riuscire a nascondere efficacemente i propri pensieri occorre possedere una nozione precisa di essi.

Per chi sperimenta in sé la diffidenza, tutto il mondo diviene incerto, malsicuro, nemico. Soltanto di se stesso l'individuo non può diffidare; questo «se stesso» diventa la sua àncora di salvezza, il punto fermo della sua vita, il rifugio del suo sconfinato desiderio di sincerità.

Mentre, come abbiamo visto più sopra, la lotta aperta avvicina i due lottatori, la diffidenza li allontana. Non però così irrimediabilmente come l'odio. Se, in alcuni casi estremi, colui del quale si diffida può divenire oggetto di odio, nella maggioranza dei casi ciò non si verifica. L'individuo umano non è naturalmente spinto a odiare gli altri individui: anzi, finché può, cerca di non odiarli. Anche allorché diffida di essi, tende spontaneamente a considerarli – fin quando è possibile – come «uomini capaci di trasformarsi e divenire sinceri». La diffidenza non è la certezza del male; ad essa si trova quasi sempre collegata un'ombra di dubbio: «Forse colui del quale diffidiamo è innocente; forse è, in fondo, ben disposto verso di noi, e si comporta falsamente con noi solo perché facciamo altrettanto con lui».

Al di sotto della diffidenza si nasconde non di rado un malinteso: è per ciò che, mentre da un lato cerchiamo di sfuggire a colui del quale diffidiamo, dall'altro ci sforziamo di non tagliare ogni ponte con lui, di non annullare ogni possibilità di «spiegarci» e comprenderci l'un l'altro. La diffidenza non è uno stato definitivo come l'odio, ma essenzialmente transitorio. Essa costituisce, in gradi diversi, la *forma mentis* abituale dell'uomo savio, nei suoi rapporti con chi non gli è familiare: è una specie di corazza, di cui egli ama andar coperto per evitare la curiosità malsana del prossimo e gli attacchi imprevisti del nemico.

Per il filosofo razionalista è un'esperienza del più alto interesse, perché lo pone di fronte a fatti molto variabili ed estremamente complessi, che non si lasciano raggruppare negli schemi astratti della metafisica dogmatica, né dedurre da una definizione aprioristica dell'io. Essa gli fa cogliere la natura umana in ciò che ha di più nettamente individualistico: nell'incertezza della realtà altrui e nella difesa della propria intimità.

[Anche nel descrivere la fenomenologia della diffidenza avevo presente il comportamento di Piero Martinetti, il quale era stato molto cauto prima di concedere a me e ad altri giovani che desideravano avvicinarlo, la propria confidenza e amicizia. Una volta poi che ce l'aveva concessa, non mancava di raccomandarci la massima prudenza, non solo perché vivevamo in una pericolosa dittatura, ma per una ragione più profonda: perché ogni persona deve essere gelosa della propria intimità. Proprio l'aver vissuto un certo numero di anni nell'ambiente accademico asservito dal fascismo l'aveva reso diffidente in una misura forse anche eccessiva.]

8. Fatto ottavo: la ribellione.

Fin da quando prende coscienza di sé, l'individuo si trova naturalmente inserito in un ambiente politico-sociale-economico, che lo obbliga, volente o nolente, a rispettare certe situazioni di fatto, certe usanze, certe leggi, certi regolamenti, ecc. Né basta: la necessità di collaborare con altri per raggiungere certi fini superiori alle forze dell'individuo, la spontanea fiducia nel suo prossimo (non di rado infondata e illusoria), il profondo bisogno di affetto e l'esasperata ricerca di un qualche modo di soddisfarlo, fanno sì che, oltre i legami anzidetti, egli si trovi spesso vincolato da molti altri legami, non meno pesanti né restrittivi. Oltre a tutti questi, scorge infine gli impegni verso se stesso, per esempio l'impegno di mantenere certe promesse, di agire in un modo piuttosto che in un altro, di compiere certe rinunce, ecc.; impegni d'onore, venendo meno ai quali gli parrebbe di sentirsi disprezzabile e miserando.

Questa rete di vincoli, più o meno vasta, costituisce la trama entro cui si svolgono i rapporti dell'individuo con i suoi simili. Poiché si tratta, in genere, di vincoli bilaterali, essa gli permette entro certi limiti di prevedere le azioni altrui, come permette agli altri di prevedere le sue. È un complesso di legami che in alcuni momenti riesce a lui molto utile, in altri però diviene estremamente pesante e penoso. Egli si sente assorbito da questi vincoli e regole in un organismo non creato da lui, in un organismo di straordinaria potenza che tende a plasmarlo secondo modelli fissi ed a fare di lui pressoché un automa.

Se l'uomo accettasse, in ogni caso e invariabilmente, di vivere entro questo schema, sarebbe quasi lecito dubitare che egli costituisca davvero un individuo.

Anche la fedeltà alla parola che l'uomo ha dato interiormente a se stesso – per quanto meno meccanica della fedeltà agli impegni esterni, e rivestita di un altro carattere di nobiltà morale – farebbe di lui, se presa alla lettera, se priva di qualsiasi eccezione, un essere anti-umano, un essere perfetto, un automa morale, un individuo senza debolezze, senza pentimenti, senza dubbi, senza possibilità di conversioni, cioè un «non individuo».

Ma l'esperienza c'insegna che le cose si svolgono, nella maggioranza dei casi, in modo assolutamente diverso: quasi ogni uomo, infatti, sente, in un certo momento della sua vita, l'insopportabile pesantezza di un dato complesso di vincoli e la necessità di farla finita con essi, cioè di ribellarsi.

Per qual motivo questa serie di atti, che noi denotiamo col nome di ribellione, presenta dal nostro punto di vista tanto interesse? Perché è spiegabile soltanto come un qualcosa di essenzialmente individuale; essa costituisce invero una protesta esasperata dell'individuo contro tutto ciò che sta di fronte a lui con il carattere della immutabilità, perfino contro il proprio passato. Nella ribellione l'io rivela il suo vivissimo desiderio di non agire come «gli altri» prevedono; di non sacrificarsi in quel modo facile e banale da essi desiderato; di «sorprenderli», di sconcertare il loro giudizio, di riuscire ad essi incomprensibile.

«Se debbo morire» egli dice «morirò, sì, eroicamente, ma non secondo il vostro schema; se debbo vivere, vivrò, sì, moralmente, ma secondo uno schema diverso da quello che voi desiderate; agirò in una forma unicamente mia, senza interessarmi affatto di ciò che voi direte di me. Il giudice delle mie azioni intendo essere soltanto io: *io* a condannarmi oppure *io* ad assolvermi. Non riconosco il giudizio di nessun altro fuori di me: non dello Stato, cui per caso appartengo; non del partito religioso o politico, cui gli eventi mi portarono ad aderire; non della mia famiglia, dei miei amici, dei miei avversari. *Io solo* conosco l'intima storia del mio animo e i veri fini in vista dei quali ho sempre agito. Io solo conosco fino a che punto fui falso nel passato; e nulla ora mi può obbligare a persistere in questa falsità.

«Io so vivere da me, e nulla aspetto dagli altri. Ciò che mi occorre è la mia approvazione, non quella altrui: la *mia*, di questo preciso momento, dell'attimo che ora sto vivendo. Se lo Stato, la comunità, gli amici, la famiglia mi condanneranno, io saprò resistere ad essi con le sole mie forze, se non sarò ostacolato da vincoli estranei o da pregiudizi ridicoli.

«In questa mia lotta potrò venire travolto; anzi, so a priori che accadrà, prima o poi, proprio così. So che il mio sforzo, per quanto coraggioso, non riuscirà a influire come vorrei sulla storia, poiché questa non è opera dell'individuo ma della massa. So tutto questo; ma persisto a ribellarmi, perché disdegno il successo, perché so che la cosiddetta "grandezza" degli eventi storici è soltanto illusione. La realtà prima è l'*io*, e non il mondo; l'*io*, e non la società. Lo so, perché lo sperimento in me stesso; e proprio a scopo di provare, in forma non retorica, questa mia sicurezza, mi ribello a costo di qualunque sacrificio. Mi ribello, per non venir meno al mio sconfinato desiderio di sincerità.»

Chi può negare che esistano esperienze di questo tipo? Chi, di fronte ad esse, può persistere a vedere nell'individuo una realtà secondaria, un'attuazione temporanea e contingente di un «Io» universale ed eterno? Voler chiudere gli occhi di fronte a simili dati di fatto, soltanto perché non rientrano nei nostri schemi più noti, è segno di ottusità mentale, non di coerenza filosofica.

[Ripensando all'epoca in cui scrissi questo paragrafo,

mi pare a prima vista strano di non aver parlato anzitutto di ribellione di un gruppo politico, come farei ora, ma unicamente di ribellione personale. Il fatto è però che in quegli anni ciò che mi stava più a cuore era la difesa della mia individualità contro lo Stato, il partito, la stessa famiglia. Era proprio l'ambiente caotico in cui vivevamo che mi faceva sentire solo e mi portava a ritenere erroneamente che da solo avrei dovuto decidere della mia sorte.]

9. Fatto nono: la devozione.

Ma per quanto l'individuo si ribelli contro la comunità, lo Stato, la famiglia, è difficile che egli possa fare a meno di cercare fra il suo prossimo *qualcuno*, da cui attendere una conferma al proprio giudizio. Questo qualcuno è il «Maestro», che egli sceglie a sé medesimo, è il maestro, che egli circonda di profondo rispetto e di sincera devozione.

È chiaro che l'esperienza connessa a questo sentimento della devozione non può dirsi affatto generale, come non è generale quella della ribellione. Vi è infatti chi non prova né l'una né l'altra. È però incontestabile che qualcuno vive sia questa che quella, in qualche momento della sua vita.

Non sarà quindi lecito che il filosofo le trascuri, soltanto perché non vengono provate da tutti.

Taluno può scegliere come maestro il proprio padre; nulla lo vieta; anzi, la natura delle cose vorrebbe che il padre fosse in ogni caso un maestro per i suoi figli. Però non accade sempre così; il maestro è il «padre d'elezione», il «padre spirituale» (cioè «secondo lo spirito», in opposizione al padre «secondo la carne»).

L'esperienza della devozione non richiede né implica la confidenza totale del discepolo verso il maestro. In altri termini: non è necessario, per riconoscere qualcuno come maestro, provare la necessità di confidargli ogni nostro sentimento, ogni nostro dubbio e problema. L'essenziale è qualcos'altro: è riconoscere in lui un'autorità indiscutibile, al cui giudizio si è disposti a ricorrere nei momenti gravi delle proprie decisioni.

Qui bisogna chiarire subito il carattere totalmente interiore di questo appello supremo. Il fatto materiale di svelare al maestro la nostra incertezza, come il fatto materiale di attendere fisicamente la sua risposta sono, per principio, di secondaria importanza (tanto secondaria che il maestro può anche essere scomparso nel momento in cui, interiormente, ricorriamo al suo giudizio). L'importante è che egli sia per noi una persona viva, non una figura astratta o una «formula»; persona che noi conosciamo così bene da intuire con certezza che cosa egli ci direbbe in determinate circostanze. Il suo giudizio è, sì, un termine di confronto, un controllo per le nostre passioni, ma proprio in quanto è interno al nostro animo, in quanto noi ne conosciamo il tono e perciò ne riconosciamo l'autorità. Il maestro impersona ciò che noi sentiamo di più alto nella nostra coscienza; i difetti che egli ebbe nella sua realtà storica servono soltanto a fare di lui un essere concreto e umano, a impedire che si trasformi in una astrazione. Egli è l'ideale vivo della nostra coscienza, e la nostra devozione verso di lui è la devozione verso l'ideale.

Il maestro, anche se morto, è una persona viva nel nostro animo; perché soltanto una persona viva può comprendere e giudicare un'altra persona. Lo può in base a un complesso di intuizioni morali, non raggruppabili in alcuno schema fisso, intuizioni varie e molteplici pur nella loro fondamentale unità, ricche di innumerevoli sfumature e perciò capaci di cogliere la vita umana nella sua concreta realtà.

Il maestro è una persona che, col suo esempio e la sua parola, riuscì a scuoterci dalle nostre illusioni, a richiamarci a ciò che vi è di più profondo in noi, a creare nel nostro animo una coscienza autonoma, al cui giudizio nessuno dei nostri atti può sfuggire. Con la devozione al maestro, l'animo dell'individuo sperimenta la maestà sublime di questa coscienza; tende a completare se stesso, immedesimandosi in una individualità superiore, che fu quella reale e concreta del maestro ma è, insieme, la parte più alta e più degna della propria attuale individualità.

La devozione al maestro è la scoperta di un nuovo animo nel proprio; è un approfondimento di sé; e, appunto per questo, un superamento di quella che era la propria limitatezza.

Parlare di individuo significa, bensì, parlare di un essere che è «a sé», diverso e separato dagli altri, irriducibile all'universale, rifuggente alla massa. Ma significa pure parlare di un essere che vuol uscire da sé, vuole aprirsi, comprendere ed essere compreso, amare ed essere amato, giudicare ed essere giudicato.

Ma vuol essere giudicato non da chi è estraneo a lui bensì da chi, per comprensione ed amore, si è fatto tutt'uno con lui. L'assoluta e irriducibile scissione del singolo individuo dal suo prossimo è un dato iniziale, tanto più fermo e sicuro quanto maggiore e più intenso è lo sforzo per superarla. Ammettere questa separazione iniziale come una esperienza innegabile non significa negare quelle altre esperienze che tendono a superarla. Il fatto è, però, che tutti i tentativi di vincere dall'esterno i limiti dell'individuo ottengono il risultato opposto: anziché indurlo ad aprirsi, lo costringono a chiudersi sempre di più, ad affermare se stesso in forma sempre più decisa, fino a giungere all'atto esasperato della ribellione.

Per oltrepassare se stesso, l'individuo deve a poco a poco imparare a conoscere gli altri, nella lotta, nella collaborazione, nell'amicizia; deve imparare a conoscerli e ad amarli, e a riconoscere in qualcuno di essi la personificazione dell'ideale morale cui egli tende. Deve convincersi, in tal modo, che l'unione con essi non costituisce, per lui, un abbandono della propria individualità, una rinuncia alla propria coscienza, ma una realizzazione di ciò che vi è di più profondo in essa.

La più perfetta esperienza, che ci fa definitivamente vivere l'unità totale con «l'altro da noi», non è però la devozione; è una esperienza più intima e insieme più irresistibile: l'amore.

[Di nuovo questo nono paragrafo è stato da me scritto, come il quinto e in parte il sesto, tenendo soprattutto presente la figura di Piero Martinetti e il suo insegnamento. In effetti, parlando di devozione verso una persona (verso un maestro), pensavo alla devozione che io e i miei amici provavamo verso di lui. Era una devozione sincera e autentica che ci induceva a chiedere il suo parere su ogni problema morale che trovassimo innanzi a noi. E anche dopo la sua morte ci si chiedeva: che consiglio ci avrebbe dato, se fosse ancora vivo?

Mi permetterò di aggiungere qui un ricordo personale. Quando ero in carcere a Saluzzo, prigioniero dei nazisti, fui sottoposto a un interrogatorio molto duro da parte del loro ufficiale che voleva sapere da me il vero nome del comandante partigiano Barbato, notoriamente mio amico personale. Come è ovvio, non riuscì a strapparmi alcuna informazione al riguardo, ma quando mi riportarono in cella, ebbi una crisi di pianto. E allora la prima domanda che io mi feci, fu: Martinetti sarebbe contento del mio comportamento? (in realtà era morto da più di un anno). Nel mio animo risposi: sì, sarebbe senza dubbio contento, e questo pensiero valse a farmi passare la crisi; tanto era profonda e sincera in me la devozione verso lo scomparso.]

10. FATTO DECIMO: L'AMORE.

Abbiamo visto che l'amicizia e la benevolenza riescono a eliminare dall'animo umano quella «diffidenza sistematica», di cui l'individuo suol farsi una corazza, quasi a difesa della propria intimità. La devozione poi ci fa compiere un altro passo innanzi: ci fa scoprire che l'unità spirituale col maestro non costituisce – per il discepolo – un «uscir fuori da sé» ma anzi un «approfondire la conoscenza di sé». L'esperienza dell'amore compie questo ciclo, mostrandoci che è possibile realizzare un'unità di vita, completa e perfetta, con «l'altro da sé» senza che ciò abbia minimamente a ferire l'intimità dell'individuo che «si dà» all'altro.

Affinché venga realizzata l'unità completa di due individui è necessario che si stabilisca tra essi una confidenza totale; e questo esige due condizioni: 1) una profonda simpatia dell'uno verso l'altro; simpatia per lui, nel suo essere concreto, non comunque idealizzato: per lui, con i suoi slanci, le sue capacità, le sue debolezze, i suoi dubbi, le sue paure, le sue piccole ingenuità; 2) un'assoluta sincerità, costante, senza eccezioni; sincerità che li porti a comunicarsi l'un l'altro ogni loro esperienza, ogni sentimento, ogni desiderio, ogni pensiero.

Perché questa comunicazione totale, senza segreti, non ferisce l'intimità dell'individuo che ama? Perché la comunicazione con l'amante non è la comunicazione con «un individuo qualsiasi»; la fiducia più completa dell'uno nell'altro li garantisce che quanto essi si rivelano a vicenda resterà un segreto per gli estranei. Essi ne parleranno soltanto tra loro; ne discuteranno, come l'individuo suol discutere fra sé e sé intorno a ciò che gli sta più a cuore; ma col vantaggio di circondare questo loro discorso con un velo di tenerezza, di affettuosa indulgenza che l'individuo non può trovare in sé. L'intimità non è ferita, perché l'amato non è più «un altro» per l'amante; è «lui stesso» in quanto vive le medesime gioie, i medesimi desideri, i medesimi dolori; ma è «più di lui», in quanto è sempre «qualcosa di nuovo» per lui; è un essere che si è aperto completamente a lui e che tuttavia, come un essere vivo e concreto, riserva sempre al suo sguardo appassionato qualcosa di «non ancora visto», di non ancora approfondito a sufficienza.

È chiaro che noi parliamo, qui, dell'amore ricambiato. L'altro, quello non corrisposto, si riduce a un'aspirazione, a un desiderio; è qualcosa di incompleto, è un'esperienza mancata. Forse, da un punto di vista psicologico, può risultare più interessante; e per questo i poeti si soffermano preferibilmente su di esso. Però, dal punto di vista filosofico, l'esperienza davvero essenziale è l'amore ricambiato; è quella serie illimitata di atti amorosi per cui due individui riescono a vivere una sola vita, sentire e vibrare all'unisono, creare una unità più alta, che li supera senza distruggerli.

Non è nemmeno il caso di ricordare - tanto risulta evidente - che l'essere anonimo, l'automa, il non individuo, non può né amare né essere amato. L'amore è un rapporto caratteristico tra persone; *è impossibile negare la realtà dell'individuo senza negare insieme la realtà dell'esperienza amorosa*. L'inizio della vita individuale è l'opposizione tra il proprio «io» e quello altrui; la conclusione di essa è l'atto dell'amore, che elimina tra due individui tale opposizione.

I due amanti erano, prima di amarsi, due individui *diversi*; erano due esseri, cresciuti ciascuno con le proprie esperienze, le proprie lotte, le proprie vittorie o sconfitte. Ora si sono «dati l'uno all'altro»; hanno provato la gioia sublime di «rivelarsi», tanto più viva quanto più di «suo» ciascuno di essi aveva (di intimo a lui, di non conosciuto dagli altri). Due esseri meccanici, due automi, non nascondono alcun segreto, non posseggono nulla, e perciò non possono «darsi», non sono in grado di amare. Due esseri spirituali che non fossero «realmente altri» (che già *ab initio* fossero un unico essere) non avrebbero nulla di veramente intimo da rivelarsi, non avrebbero da lottare per vincere i propri limiti, non avrebbero bisogno di «trasformarsi a fondo» per realizzare tra loro una unità superiore: anche per essi l'esperienza amorosa potrebbe essere soltanto un'esperienza illusoria, non una realtà. Ma se fra gli uomini - fra alcuni almeno di essi - l'esperienza amorosa è davvero un'esperienza non illusoria, ciò dimostra al filosofo che gli individui umani sono *individui reali*, non particolarizzazioni contingenti di un unico essere sopraindividuale. La realtà dell'amore dimostra che l'unità di due individui è una conquista, difficile e non concessa a tutti: è un punto di arrivo, non il punto di partenza.

Tale unità superiore non abbraccia, su questa terra, più di due individui: questo è un fatto che non ammette dimostrazioni dialettiche, ma è «semplicemente dato» come gli altri fatti del nostro mondo. Di principio, però, nessun ostacolo teorico impedisce che l'amore si estenda, sì da comprendere in sé l'universalità degli uomini. Il filosofo non può interessarsi tuttavia di questa nuova unità se non come di un desiderio (desiderio che si esprime, per esempio, nella tradizione cristiana, con «l'amore fra i beati nella contemplazione di Dio»).

Per quanto l'amore terreno sia limitato a due individui, per quanto generi tra loro una intimità che non comunica i propri segreti agli altri, esso però non è in alcun modo fonte di egoismo rispetto a quegli altri. Al contrario: creando nell'individuo una natura sopraindividuale, lo dispone alla comprensione, alla generosità, alla fiducia, alla benevolenza verso tutti. Una volta apertosi con un altro individuo, una volta compreso quest'altro individuo in tutta la sua profonda e segreta realtà, l'essere umano impara, da un lato, il valore della comunicazione sincera, dall'altro, quanti segreti essa riveli, prima nemmeno sospettati: impara perciò il rispetto della personalità altrui, e impara – attraverso questo fondamentale rispetto – a trattare più umanamente tutti gli uomini.

Ma una cosa, sopra tutto, l'individuo impara nell'amore: impara a essere sincero. Talvolta, per desiderio di essere amato, qualcuno può fingere di possedere ciò che di fatto non possiede (qualità morali, intellettuali, fisiche che desidererebbe avere, ma non ha); questa finzione lo costringe, però, a controllare continuamente se stesso; e, per il fatto che si controlla, non può «abbandonarsi» – per la contraddizion che nol consente –; non riesce quindi ad amare e ad essere amato; la parvenza di amore che crea in sé sarà per lui soltanto una fonte di disillusione, di disprezzo e di odio.

Per essere sincero, bisogna rinunciare nel modo più assoluto a «giocare una parte»; bisogna parlare e agire non «in vista degli altri» (in vista di ciò che gli altri potranno pensare di noi), ma per esprimere ciò che *veramente è in noi.* Ora la società è talmente penetrata di finzioni che spesso l'uomo, educato da essa, non sa essere sincero nemmeno nei propri pensieri. Egli non osa pensare «per sé»: perfino quando discute nel suo animo intorno alle verità che più lo interessano, egli non osa seguire spontaneamente il corso dei propri ragionamenti; all'improvviso si ferma per chiedersi: «Che diranno gli altri di questa mia ricerca? Non parrà loro ingenua? Non rideranno delle mie verità?». Perfino il ribelle riveste il proprio atto di ribellione di una forma artificiosa, affinché esso si presenti agli altri nel modo più attraente, più simpatico, e talvolta nel più spettacoloso.

Soltanto nell'amore e nella morte non si può fingere. Chi nell'amore cerca di fingere, può illudersi di amare, ma non ama. Chi sta morendo non finge più, perché «ciò che diranno gli altri» ormai non lo interessa; egli cessa di pensare «per gli altri» e riflette unicamente «per sé». L'amore e la morte hanno dunque, davvero, qualcosa in comune, come ritennero molti poeti. Hanno in comune quello stato d'animo di «ebbrezza», per cui l'individuo rinuncia totalmente a voler «apparire ciò che non è»; per cui comprende l'inutilità di persistere nella finzione, la vanità di ogni giudizio che non sia fondato sulla pura realtà.

Il vero amante cerca l'amore effettivo, non la finzione dell'amore, poiché questa non può accontentarlo. Egli deve quindi, per necessità logica dell'amore, essere sincero di fronte all'amato, come è sincero di fronte a se stesso chi sta per morire. In questa sincerità completa l'uomo scopre sé medesimo così quale egli è: una realtà diversa da quella che «gli altri» pensano, inconfondibile con essi, innanzi tutto e sopra tutto individuale.

[Mentre la descrizione dei nove fenomeni precedenti scaturiva da esperienze direttamente vissute, come di volta in volta ne avvertivo il lettore, quella dell'amore nella forma e nel grado in cui qui ne parlavo proveniva piuttosto da una estrapolazione di reali esperienze. Ciò che risultava effettivamente vissuto era piuttosto il desiderio di tale amore; desiderio esasperato, in certo senso patologico, tanto più sfrenato in quanto si pensava (erroneamente, almeno per taluni di noi) che non si sarebbe mai riusciti a vivere quel tipo di amore. Tutti ci si trovava infatti combattenti o no, in un continuo pericolo di morte improvvisa per bombardamenti, mitragliamenti e vere e proprie azioni di guerra, e proprio la coscienza di questo imminente pericolo ci spingeva a fantasticare e sognare. Oggi che tale pericolo è ridotto a dimensioni normali, diventa del tutto naturale porre un freno ai sogni e alle fantasie, ma il bisogno di amore totale, anche se soddisfatto, non cessa di costituire un aspetto ben vivo della personalità umana.]

APPENDICE AL CAPITOLO II

1. Finora mi sono limitato a commentare, uno dopo l'altro, i brevi saggi che negli anni 1935-1945 avevo delineato su taluni sentimenti che in quell'epoca ritenevo fondamentali, e in tale commento ho ritenuto sopra tutto utile ricordare le circostanze concrete dalle quali mi erano state per così dire suggerite le idee espresse nei saggi in questione. Già da questi commenti risultano emergere con una certa chiarezza le differenze che intercorrono fra ciò che sentivo allora e ciò che sento oggi sui medesimi argomenti.

Ritengo tuttavia opportuno renderle ancora più chiare, data la loro importanza. È precisamente ciò che mi riprometto di fare nella presente Appendice, sia aggiungendo l'analisi di alcuni sentimenti che all'epoca considerata non avevo ritenuto così fondamentali come li ritengo oggi, sia aggiungendo qualche riflessione sulla globalità dei sentimenti via via presi in esame, nella ferma convinzione che soltanto se inseriti in questo quadro globale ciascuno di essi possa rivelare i propri caratteri più profondi.

2. *Malvagità*. Si tratta del sentimento di piacere che si prova nel fare del male, per esempio nel fare soffrire una persona, nell'umiliarla, nell'ingannarla. Non senza motivo una perversa teologia medioevale sosteneva che, tra i numerosi godimenti dei beati, ci fosse anche quello di veder soffrire i dannati.

E del resto, senza invocare i racconti mitici sulle gioie del paradiso e sulle sofferenze dell'inferno, basta riflettere sulle testimonianze di cui oggi possiamo disporre su ciò che accadeva nei Lager nazisti, per convincersi che il torturatore doveva provare un certo piacere nel torturare, nel sentirsi totalmente padrone del torturato, cioè nel poter fare di lui ciò che gli garbava senza freni di sorta.

Lasciando da parte questo livello di ripugnante ferocia, possiamo chiederci: chi non confesserà di avere, almeno una volta nella vita, goduto della sconfitta di un qualche conoscente che prima di una certa gara si riteneva invece sicuro della vittoria? È un fatto che esiste in ciascuno di noi un "diavoletto" che ci fa godere delle disgrazie altrui. È noto che, per consolarci delle nostre disavventure, il mezzo migliore è quello di constatare che altri ha subìto delle disavventure peggiori delle nostre.

È inutile negare l'istinto al male, per lo meno come tentazione; e non si tratta di una tentazione facile da sconfiggere. Non è vero che i nostri sentimenti siano, tutti e sempre, nobili, elevati, puri.

Spesso è la noia del vivere quotidiano che ci fa apprezzare (nelle rappresentazioni teatrali, cinematografiche, ecc.) l'azione – sia pure malvagia – capace di infrangere la pesante quotidianità. Del resto, che cosa vi è che anima il teppismo oggi tanto diffuso fra i giovani, e non solo fra essi, se non il piacere di distruggere, di ribellarsi all'ordine del vivere civile? di cancellare l'aspirazione alla tolleranza verso gli altri? Il comportamento malvagio non suscita soltanto sdegno, ma esercita pure una sorta di fascino, e il non volerne tenere conto significa precludersi la piena comprensione della nostra vita sentimentale.

La realtà di tale vita non è tutta rosa, cosicché per poter dire di conoscerla, non bisogna avere la pretesa di limitarsi a guardarne gli aspetti più belli, trascurandone gli altri. È assurdo aspirare a una conoscenza effettiva dei sentimenti umani e nel contempo voler dimenticare ciò che in essi è solitamente considerato riprovevole e odioso.

3. *La vendetta*. Se l'individuo A si comporta con mal-

vagità nei confronti dell'individuo B, quale sarà il comportamento di quest'ultimo nei confronti di A? Vi sono due possibilità; che il comportamento di B sia ispirato al sentimento del perdono, e questo è il caso più frequente se il male arrecato da A a B (cioè l'offesa compiuta da A a B) è di scarso rilievo, o almeno questo è il comportamento più comune fra "persone civili". Ma se si tratta di offesa grave, o addirittura gravissima, il perdono diventa un comportamento eccezionale che rientra più nel mondo della fantasia che in quello della realtà. In tal caso il comportamento più normale, ovvero più frequente, è quello dettato dal desiderio di vendetta. È dunque su questo, cioè sul sentimento di vendetta, che dovremo incentrare la nostra analisi, se intendiamo essere seriamente realisti.

Si tratta di un sentimento che molti ritengono brutto, o per lo meno meschino, ma che è comunque assai diffuso. Si rifletta per esempio su ciò che esprime (quando può) il torturato: egli non è in grado di difendersi, ma da molte testimonianze sappiamo che sogna «qualcuno mi vendicherà», anche se il successivo corso degli eventi dimostra che ben di rado qualcuno avrà tempo e voglia di farlo.

Per dimostrare che il desiderio di vendetta non è così ignobile come molti ritengono, basti ricordare che esso costituiva uno dei moventi più usuali delle azioni degli Dèi secondo la mitologia della Grecia classica, e non solo degli Dèi, ma anche degli eroi e di tutti i più grandi personaggi.

Non parliamo poi della così detta "legge del taglione" che stava alla base dell'etica della civiltà ebraica, legge riassumibile nell'odiosa formula "dente per dente, occhio per occhio". Né possiamo dimenticare che la legge del taglione viene ancora largamente applicata dai "civilissimi" abitanti odierni di Israele, se consideriamo senza infingimenti il loro comportamento verso altri popoli. Del resto non si può affermare che essa sia scomparsa presso altre civiltà.

Si pensi per esempio al fatto che secondo la mitologia cristiana, accettata nel Medio Evo come verità di fede anche da eminenti teologi, le anime dei dannati dovrebbero sopportare per tutta l'eternità le pene dell'inferno (sottolineo questa espressione "per tutta l'eternità" perché essa è di una crudeltà terrificante). Orbene è ovvio che sembra impossibile accettare un dogma siffatto se non si pensa che una pena così crudele di durata illimitata sia direttamente voluta dal buon Dio per vendicarsi (tremenda vendetta!) dell'offesa inflittagli dal peccatore.

Il significato più profondo dell'esigenza di una vendetta adeguata all'offesa ricevuta può venire così spiegato. Si parte dall'ipotesi (del tutto artificiosa ed astratta) che nel mondo naturale ed umano viga un sostanziale equilibrio, il quale merita di per sé di venire conservato. Si osserva poi che l'azione malvagia (l'offesa grave) sconvolge questo equilibrio; la vendetta sarà diretta a ristabilirlo e perciò dovrà venire considerata come qualcosa di non riprovevole, ma anzi di altamente stimabile.

Un'azione dettata dalla brama di vendetta va giudicata malvagia e spregevole se isolatamente considerata, ma diventa invece pregevole se la consideriamo nel quadro di un processo volto a ristabilire l'equilibrio perduto. Si tratta di una prima dimostrazione - ma ne seguiranno altre - del fatto che un sentimento non può essere correttamente giudicato se non si cerca di inquadrarlo nell'ambiente complessivo in cui risulta storicamente inserito.

4. *Il pentimento.* Se l'individuo A ha compiuto un atto gravemente offensivo verso l'individuo B, abbiamo illustrato nel paragrafo precedente quale sarà il sentimento che di solito sorge in B (cioè il desiderio di vendetta). Anche in A può sorgere un sentimento molto diverso da quello che lo aveva spinto ad offendere gravemente B. Si tratta di ciò che viene solitamente indicato come pentimento. Poiché di esso parla spesso, in questi giorni, la stampa quotidiana, sembra opportuno fermarci a compierne una breve analisi.

Bisogna anzitutto ricordare che l'analisi del pentimento ha una lunga storia, in quanto venne compiuta, a volte con grande finezza, da psicologi, romanzieri, filosofi, teologi, ecc.

Basti ricordare l'analisi che ne fecero i teologi cattolici con riferimento al peccatore che, sempre secondo tali teologi, può pentirsi del proprio peccato o per amore di Dio, cioè per il dolore di averlo offeso, o invece per timore delle pene che tale peccato gli procurerà nella vita ultraterrena (per questi due tipi di pentimento furono fra l'altro inventati due nomi diversi: quello di "contrizione" per il primo tipo e quello di "attrizione" per il secondo).

Anche chi non presta alcuna fede alle elucubrazioni dei teologi, come la vita eterna del singolo individuo (e quindi come il paradiso e l'inferno), deve riconoscere che vi è qualcosa di valido nella distinzione or ora accennata; per esempio essa parrebbe applicabile per analogia ai così detti "pentiti" (delle brigate rosse, o della mafia, della camorra, ecc.), ed è invece strano che la legislazione oggi vigente, per lo meno in Italia, non sembri tenerne alcun conto.

Senza dubbio non sarebbe facile applicare a casi concreti tale distinzione, non esistendo alcun criterio oggettivo per differenziare i due tipi di comportamento (i teologi risolvevano questa difficoltà rimettendo a Dio il compito di discernere i due differenti stati d'animo) o per lo meno non esiste un *test* sicuramente idoneo a tale fine. Allo scopo di differenziarli occorre - come già abbiamo detto per quanto riguarda i sentimenti in generale - seguire tutta una serie di atti che si prolunga nel tempo; nel caso specifico occorre prendere in esame tutta intera la serie di atti compiuti dal "pentito" a partire dal momento in cui egli si è dichiarato pentito. Tale esame, e solo esso, ci permetterà di decidere se egli era veramente pentito e, nel caso di decisione positiva, ci permetterà di decidere se si era pentito perché provava un effettivo dolore per il male commesso o se invece si era pentito soltanto per timore delle pene (pene terrene se rinunciamo a credere in quelle ultraterrene) che gli toccherebbe di subire come conseguenza del male compiuto.

Né si tratta soltanto di sfumature poco rilevanti, perché nel primo caso (in cui l'individuo A prova un effettivo dolore per ciò che ha fatto) egli merita un sincero rispetto, mentre nel secondo caso (in cui si è pentito solo per timore dell'eventuale punizione) egli si rivela un essere spregevole doppiamente meritevole di punizione (per il male commesso verso B e per la viltà dimostrata).

La fenomenologia del sentimento del pentirsi è oggi ricca di esempi dell'uno come dell'altro tipo, ma i tribunali non possono tener conto di una distinzione che riguarda solo l'aspetto morale della condotta umana, non quello giuridico. Comunque, il fatto che i tribunali non possano (e talvolta neanche vogliano) tener conto dell'anzidetta fondamentale distinzione ha delle conseguenze purtroppo assai gravi perché alimenta la falsità e la codardia. E così, la disposizione a pentirsi si trasforma, da sentimento degno di rispetto, in sentimento spregevole, fomentatore di atti vili e indegni dell'uomo.

5. *La vita sentimentale come globalità.* Già abbiamo detto più volte che in generale un sentimento può venire compreso a fondo solo se viene inserito nel quadro complessivo degli altri sentimenti. È ora opportuno ritornare su questa affermazione per analizzarla un po' meglio.

Che taluni sentimenti – come pure i motivi che li hanno suggeriti – siano collegati direttamente gli uni agli altri è noto a tutti; così per esempio l'offesa è collegata alla vendetta e al pentimento, la devozione è collegata all'amore, ecc. Ma ciò che qui si vuol sostenere è qualcosa di più, e cioè che i vari sentimenti di un individuo costituiscono in un certo senso una totalità, cosicché non possono venire compresi a fondo se li studiamo separatamente uno dall'altro. Esaminarli nella loro globalità è quindi la via migliore per afferrarne l'autentica natura.

Né vedo alcuna concessione all'irrazionalismo nello sforzo di capire l'autentica natura dei sentimenti, così come essi si presentano a noi nella loro concretezza. Si avrebbe una caduta nell'irrazionalismo non per effetto di tale sforzo, ma se l'attenzione per i sentimenti ci facesse dimenticare che accanto alla vita sentimentale esiste anche una vita intellettiva non meno importante di essa e che anche la vita sentimentale può essere studiata con metodi razionali.

Studiarla con metodi razionali non significa studiarla con gli stessi metodi usati nella fisica o nella chimica, o in generale, con i metodi della scienza esatta, ma analizzarne con rigore tutti gli aspetti, senza affidarsi all'intuizione o all'inconscio.

Orbene, se analizziamo con rigore la vita sentimentale dell'individuo, non possiamo fare a meno di constatare che l'arricchimento di tale vita ha due conseguenze: per un lato quella di affinare l'animo dell'individuo stesso, per l'altro però di far passare in secondo piano la sua esigenza di potenziare la propria razionalità. Il problema di fondo consisterà allora nel saper conciliare e sviluppare l'affinamento dei sentimenti e nel contempo il potenziamento della razionalità.

In che cosa consista il potenziamento della razionalità è ben noto; ma occorre chiarire in che cosa consiste l'arricchimento della vita sentimentale. Non consiste nell'esaltare un sentimento, per importante che questo sia. Consiste invece nell'essere aperti a *tutti* i sentimenti, anche a quelli meno approvabili. Solo questa apertura ci pone in grado di comprendere tutti gli individui, anche quelli nettamente diversi da noi. Si tratta di comprendere anche chi possiede sentimenti molto diversi dai nostri, e perché li possiede.

In altri tempi ciascuno di noi era dominato da un ben preciso sentimento (politico, o religioso, o artistico, ecc.), ma oggi la situazione è radicalmente cambiata: non vi è più, pressoché in nessuno, una passione dominante, ma vi è una sensibilità per l'innanzi ignota. Ciò non significa che oggi vi sia una confusione di sentimenti, ma una disponibilità a comprenderli tutti.

Più rifletto sulla mia vita sentimentale passata e presente, più mi ritengo in dovere di riconoscere che quando, in passato, asserivo di provare un certo sentimento, come quelli elencati in questo capitolo e nella sua Appendice, ero senza dubbio sincero, ma sono anche altrettanto sincero oggi quando affermo l'esigenza di una disponibilità a tutti i sentimenti, cioè di una autentica e profonda apertura sentimentale.

Oggi non intendo più far consistere la vita sentimentale nella esaltazione di un solo sentimento, ma interpreto i vari sentimenti come momenti di un tutto, come fattori che concorrono, tutti insieme, a formare la personalità dell'individuo.

Essi esprimono aspetti diversi della sua personalità, ma aspetti che si integrano a vicenda, formando per così dire una unità dialettica. Senza il ricorso al significato più profondo di questo concetto (unità dialettica) che implica nel contempo le due nozioni dell'uno e del molteplice, noi non saremmo in grado di indicare che cosa è il nucleo dei sentimenti di un individuo. Eppure è proprio tale nucleo che noi dobbiamo cogliere nella sua complessità dinamica, se vogliamo comprendere sul serio ciò che oggi meglio caratterizza la fenomenologia dei sentimenti: fenomenologia non lineare ma ben comprensibile razionalmente, se ci impegnamo a studiarla con rigore senza preclusioni dogmatiche.

III.

FENOMENI INDIVIDUALI E FENOMENI COLLETTIVI

Fra le esperienze della vita non conoscitiva abbiamo, nei due capitoli precedenti, considerato quelle che passano, comunemente, sotto i due nomi di «stati sentimentali» e di «valutazioni etiche». L'analisi di esse, compiuta secondo i canoni del razionalismo critico, ci ha presentato l'essere umano come un insieme di fenomeni che non possono venire descritti in tutta la loro complessità se non facendo ricorso al concetto di individuo. Le varie esperienze della vita non conoscitiva ci hanno posto, cioè, dinanzi all'esistenza di individui, irriducibili l'uno all'altro se pure in stretti rapporti tra loro, ciascuno dei quali possiede: 1) un proprio complesso di stati d'animo – analizzati nel capitolo testé concluso – che si esprimono con serie di atti da tutti verificabili e perciò universalmente conoscibili; 2) un complesso di valutazioni etiche – analizzate nella sez. II del primo capitolo – che si esauriscono nell'interno dell'individuo e non risultano conoscibili agli altri se non per analogia.

Riconosciuto esplicitamente tutto ciò, il filosofo razionalista deve però riconoscere, con altrettanta franchezza, che si dànno in concreto molte altre esperienze, di carattere esse pure non conoscitivo, le quali possiedono proprietà tutt'affatto diverse. Sono queste le esperienze che il linguaggio comune denota col termine, alquanto vago, di «fenomeni della vita collettiva»: tali, per esempio, le grandi crisi economiche, le guerre, le rivoluzioni, ecc. Il loro carattere, di essere fenomeni non riducibili ai fenomeni della vita individuale, deve essere tenuto ben presente dal filosofo, e cioè non può venire trascurato o sottovalutato per troppo amore alle conclusioni raggiunte nei capitoli precedenti.

Il filosofo razionalista sa che *ogni preoccupazione unitaria* – e cioè ogni preoccupazione di servirsi del medesimo concetto-base per spiegare esperienze diverse – non solo non è logicamente giustificabile, ma *è frutto di una mentalità dogmatica assolutamente contraria ai risultati delle ricerche logiche più moderne*. Poiché intende lasciarsi guidare dalle effettive esperienze, non da alcun preconcetto, egli è ben disposto a confessare – dove l'osservazione lo persuade a ciò – che *esistono di fatto fenomeni fra loro diversi, per la esatta descrizione dei quali si richiedono concetti diversi*.

L'unica sua preoccupazione, nel ricorrere a questi concetti diversi, sarà di non interpretare i termini usati (individuo e collettività) in senso metafisico, ma di intenderli per quel che di fatto valgono, e cioè come termini aventi un significato solo in quanto si trovano connessi con fatti empirici. La sua preoccupazione sarà – in altre parole – quella di non introdurre nel proprio discorso, con leggerezza o senza avvedersene, concetti che per principio sfuggono a ogni determinatezza e che lo condurrebbero quindi, prima o poi, a teorie contrarie alla ragione e a problemi insolubili.

Quanto ora detto non significa, ovviamente, che lo studio dei fenomeni della vita collettiva risulti senza rapporto con lo studio dei fenomeni della vita individuale analizzati nei due capitoli precedenti; tutt'al contrario, essi sono studi che si illuminano a vicenda, e un rigoroso confronto dei quali serve a meglio determinare i caratteri di entrambi.

Precisamente questo confronto vuol essere l'oggetto del presente capitolo, che si divide a tale scopo in due parti, rivolte a illustrare i rapporti dei fenomeni della vita collettiva con quelli della vita individuale considerando l'individuo, una volta per ciò che vi è in esso di universalmente controllabile, ossia per ciò che chiamammo la sua vita sentimentale, l'altra volta invece per la sua vita etico-intuitiva.

[Come viene affermato esplicitamente in questa Introduzione, l'argomento principale del capitolo non è la descrizione esatta dei fenomeni della vita collettiva né tanto meno la loro analisi scientifica – tutto ciò richiederebbe ben altre competenze che quelle dell'autore del presente scritto – ma è il confronto di tali fenomeni con quelli della vita individuale: confronto diretto a sottolineare le profonde differenze, senza però dimenticarne le sia pur poche e lievi analogie.

Il bersaglio delle polemiche qui contenute è soprattutto la tesi che vorrebbe vedere nella collettività, come già pretendeva vedere negli individui, delle entità metafisiche del tutto estranee al mondo dell'esperienza.]

I

1. Varie sono le cosiddette scienze che hanno per scopo la descrizione dei fenomeni della vita collettiva; esse portano il nome di: scienza politica, scienza economica, sociologia, psicologia dei popoli, ecc. Che i loro metodi di ricerca non siano sempre ben determinati è un fatto riconosciuto da tutti, e perciò non vale la pena sprecar parola per dimostrarlo. Ci si può invece porre il problema, se i loro campi di ricerca risultino effettivamente così distinti da giustificare la separazione di dette scienze.

Con un ragionamento analogo a quello accennato nel paragrafo 4 del capitolo I a proposito delle ordinarie classificazioni degli stati sentimentali, si proverebbe senza difficoltà che, da un punto di vista empiristico, le comuni distinzioni fra fenomeni politici, economici, sociali, fenomeni di psicologia collettiva, ecc. hanno un valore logico molto scarso. È facile infatti constatare che: se purifichiamo tutte le scienze anzidette da ogni riferimento metafisico, se cioè procuriamo loro un linguaggio critico rigoroso, spoglio di qualunque parola che non abbia un senso controllabile, la loro differenza apparirà più come una differenza di punto di vista che non di oggetto da studiarsi. Ciò cui la ragione umana mira attraverso queste varie scienze è sempre la medesima cosa: la descrizione esatta dei fenomeni della vita collettiva in tutta la loro concretezza e complessità.

I fatti studiati dall'una o dall'altra delle scienze ora ricordate non sono fatti diversi; diversa è soltanto la loro terminologia. Se però noi penetriamo al di sotto di questa diversità, cercando di tradurre ogni termine nei fatti da esso denotati, vedremo subito la fondamentale identità dell'oggetto.

Si debba per esempio analizzare quel complesso di fatti che suol denotarsi col nome di «rivoluzione francese», o quell'altro che si chiama «rivoluzione nazista». Ognuno vede che le varie possibili descrizioni di esso (economica, politica, sociale, ecc.) son tutte rivolte a teorizzare i medesimi fatti; esse risultano, tutte, descrizioni parziali in quanto ciascuna richiede di venire integrata dalle altre. Qualora - poniamo - si voglia spiegare la rivoluzione nazista, occorrerà senza dubbio connetterla a certi ben determinati fatti economici come per esempio la crisi finanziaria prodottasi in Germania nell'immediato dopoguerra, la grande crisi mondiale del 1923-1930, ecc.; ma occorrerà pure connetterla a fatti politici come gli errori della pace di Versailles, l'inettitudine dei socialisti tedeschi, il nessun appoggio fornito dalle democrazie occidentali alla democrazia tedesca, ecc.; né bisognerà trascurare fatti psicologici come la psicosi della rivincita in Germania, la paura di una nuova guerra in Francia, ecc. L'importante, per il filosofo critico, è che *il singolo indagatore non pensi di aver a che fare con una speciale realtà metafisica sottostante ai fenomeni*; per esempio il politico non immagini che esista, al di là dei fatti controllabili nell'esperienza, una «realtà politica» diversa dalla «realtà economica», dalla «realtà sociale», ecc. A rigore, non esistono né l'una né l'altra di queste realtà, esistono soltanto i fenomeni concreti da tutti controllabili. Ciò che distingue le scienze anzidette è soltanto il loro particolare punto di vista, che suggerisce di riunire i medesimi fenomeni in concetti grammaticalmente diversi.

Se quindi, come tutti sappiamo, la critica moderna mira ad attribuire a una delle anzidette scienze (l'economia) una specialissima importanza molto superiore all'importanza delle altre, *ciò non significa* – per il filosofo critico – *che la «vera realtà» sottostante ai fenomeni della vita collettiva sia quella economica*. Ciò significa soltanto che la scienza economica sta alla base delle altre; cioè che l'unica effettiva realtà, quella dei fenomeni, deve innanzi tutto venire interpretata dal punto di vista economico.

Alla luce della logica moderna, nessuna delle anzidette scienze ha per oggetto qualcosa di esistente «al di là» o «al di sotto» dei fenomeni. Esse hanno, tutte, per unico oggetto possibile lo studio di questi fenomeni; hanno, per unico scopo, quello di connettere fra loro tali fenomeni mediante teorie controllabili, cioè senza far uso alcuno di concetti imprecisi e metafisici. Più che scienze diverse, esse risultano, a rigore, «momenti diversi», «passi successivi» rivolti alla comprensione della medesima realtà fenomenica.

2. Ma non è sulla distinzione ora accennata che noi intendiamo rivolgere la nostra analisi, né sulla gerarchia tra le varie scienze dei fenomeni collettivi. Il nostro compito è un altro. Come già si disse nell'introduzione, noi vogliamo dedicare questa prima parte all'esame dei rapporti fra i fenomeni della vita collettiva (che, per brevità, potremo convenire una volta tanto di denotare sommariamente col nome di «fenomeni sociali») e i fenomeni della vita sentimentale dell'individuo (intendendosi il termine «sentimentale» in quel senso larghissimo chiarito nei capitoli precedenti).

La più semplice osservazione, non preconcetta, dei fenomeni basta – secondo il filosofo critico – a eliminare qualunque pregiudizio metafisico circa la parte spettante all'individuo nei processi sociali. E cioè: se egli si trova disposto a riconoscere – come abbiamo visto nei capitoli I e II – che si dànno nella vita umana varie esperienze non descrivibili senza far uso del concetto di individuo, egli è pronto a riconoscere d'altro lato, proprio con la stessa franchezza, che si dànno molti fenomeni della vita collettiva, i quali si lasciano assai bene descrivere senza far ricorso a tale concetto.

L'andamento di una guerra può, per esempio, venire descritto molto bene – come ognun sa – e spiegato nelle sue complesse vicende, anche senza che si faccia riferimento al carattere, all'intelligenza, ai piccoli interessi particolari dei singoli generali che ne dirigono le battaglie e, a maggior ragione, degli innumerevoli individui che, da bravi soldati, veramente combattono e muoiono. Non può invece venire descritto o spiegato senza che si faccia riferimento a fenomeni di vita collettiva, come la produttività dell'industria pesante dei vari Paesi in lotta, la struttura organizzativa di ciascuno di essi, ecc. Che sia stato effettivamente il generale X o il generale Y a guidare una certa divisione ha - come ognun vede di continuo - ben scarso interesse; ciò che invece decide è il numero dei cannoni, dei carri armati, degli aeroplani posseduti dai due eserciti. Nessun condottiero, per quanto geniale, può vincere una guerra se i suoi soldati si trovano in condizioni di armamento inferiori all'avversario. Nessun uomo politico può tenere disciplinato ed efficiente un popolo, quando non ha di che sfamarlo.

Se l'esempio ora citato può ancora lasciar qualche dubbio nell'osservatore non perfettamente imparziale, ne esistono però molti altri ancora più probanti. Si pensi per esempio a una qualunque crisi economica, e si osservi come la storia di essa non può assolutamente venir concepita quale storia di individui (né degli industriali che fallirono né degli operai che morirono di fame), ma quale sviluppo di una situazione intimamente connessa a fatti di carattere non individuale (alla sovraproduzione, alla saturazione dei mercati, al crollo dei prezzi, ecc.). Di fronte a fenomeni di questo tipo bisogna riconoscere che, nello studio razionale della storia, il concetto del singolo individuo adempie un ruolo senza dubbio trascurabile. Sarebbe ridicolo voler negare questo risultato incontestabile, come sarebbe d'altra parte non meno ridicolo voler negare che le esperienze riferite nel capitolo precedente esigono di necessità l'uso di tale concetto. Il filosofo razionalista deve possedere il coraggio teoretico di attenersi ai caratteri effettivi di tutti i fenomeni studiati, senza forzare né gli uni né gli altri per dogmatico amore di unità.

Di fronte al problema di spiegare certi fatti complessi come le guerre, le crisi sociali, ecc. lo studioso si trova in questa situazione: egli può farlo senza ricorrere al concetto di individuo, come può farlo - volendolo - col ricorrere ad esso. Basta il fatto, tuttavia, che il concetto di individuo non risulti qualcosa di indispensabile in tali spiegazioni, per dimostrare che esso è in fondo un concetto superfluo, inutile, estraneo. L'appellarsi ad esso sarebbe quindi un atto antieconomico e illogico.

3. Lo storico da tavolino può - spintovi da teorie preconcette - affermare che lo sviluppo dei grandi fenomeni della vita collettiva dipende essenzialmente dall'azione degli individui. Nulla di simile può invece asserire chi viva in concreto questi fenomeni, chi si inserisca coraggiosamente in essi e accetti il proprio posto di combattimento. Egli non può non riconoscere che lo sviluppo di tali fenomeni costituisce qualcosa di superiore alle

forze dell'individuo, come il corso di un torrente in piena, come il propagarsi di un incendio entro una foresta.

[Qui è chiara una netta presa di posizione contro gli indirizzi storiografici, sopra tutto francesi, che vorrebbero ridurre lo studio dei grandi eventi collettivi a storia molto puntuale degli individui che vi hanno partecipato. Se ne ha una autentica degenerazione in quei racconti storici, molto diffusi in Italia durante e subito dopo la guerra di Liberazione, che sembravano voler far consistere lo sviluppo di tale guerra in una successione di episodi eroici, o comunque molto coraggiosi, compiuti dai combattenti della nostra parte. Oggi, trascorsi alcuni decenni, comprendiamo chiaramente che quel tipo di racconti non aveva un valore propriamente storico, ma solo una funzione di incoraggiamento per chi si trovava impegnato nella lotta politica. Il significato più interessante delle pagine qui scritte è la contrapposizione, senza dubbio rara nell'epoca, dello studioso razionalista all'ingenuo retore.]

Di fronte a certe storture mentali, il compito del filosofo razionalista non può essere altro che quello di ricordare alcuni esempi particolarmente efficaci e, se questo non basta, di invitare lo studioso a immergersi egli stesso coraggiosamente nella realtà. Soltanto il vivere in concreto le esperienze può impedirgli di cadere in vane fantasie, di lasciarsi trascinare dai propri sogni, di falsificare la realtà.

Si tratti, per esempio, di spiegare i caratteri della guerra partigiana. Se lo studioso persiste a volerli concepire in funzione degli individui (dei capi o dei gregari partigiani), il filosofo razionalista non può far altro che invitarlo a vivere egli stesso concretamente tale tipo di guerra. Allora i fatti medesimi gli riveleranno che essa non è opera di eroi né di démoni, ma è proprio quell'unico tipo di guerra che certe condizioni sociali rendono possibile. E tanto più ne sarà convinto quanto più da vicino avrà constatato – col fallimento dei propri sforzi personali – l'impossibilità di mutarne i caratteri, di renderla per esempio più umana e più cavalleresca.

Nulla esclude, naturalmente – come già abbiamo detto –, che anche nella descrizione dei fenomeni della vita collettiva si possa far ricorso, volendolo, al concetto di individuo o ad altri concetti altrettanto superflui. Nulla esclude per esempio che un ingegno un po' ricco di fantasia riesca a descrivere gli stessi tragici sviluppi di una guerra facendo ricorso a dèi o ad angeli o ad altre potenze occulte, come leggiamo nei racconti omerici o nelle favole medioevali. Contro siffatte spiegazioni, più o meno arbitrarie, si può muovere questa sola obiezione: che esse fanno continuo riferimento a qualcosa di non verificabile, e perciò non hanno diritto di chiamarsi spiegazioni razionali.

L'unica spiegazione razionale dei grandi fenomeni della vita collettiva si ottiene per un'altra via: collegando questi fenomeni ad altri precedenti, forniti dei medesimi caratteri, cioè sforzandosi di porre in evidenza il nesso dialettico della effettiva realtà storica.

[Tutto intero questo paragrafo è dedicato a un problema di grande importanza e di grande difficoltà: il problema dei rapporti fra i fenomeni collettivi nonché fra essi e i fenomeni individuali ivi coinvolti. Quando scrivevo queste pagine mi rendevo conto assai bene che tali rapporti non erano inquadrabili nella categoria della causalità, come è concepita nella descrizione dei fenomeni fisici; ma, non avendo ancora una effettiva dimestichezza con la categoria del nesso dialettico, non riuscivo a descriverli se non facendo ricorso a tortuose circonlocuzioni. Sottolineavo comunque la differenza fra i rapporti anzidetti e i rapporti che esistono fra i fenomeni esaminati da altre ben note scienze.

Oggi sarei molto più esplicito e chiaro perché direi apertamente che si tratta di rapporti dialettici, nel senso in cui questo termine è usato dal materialismo dialettico. Aggiungerò anzi qualcosa di più, e cioè che proprio l'esame critico di siffatti fenomeni mi ha indotto ad apprezzare ad un alto grado la categoria del nesso dialettico, che all'epoca mi sembrava confusa e inutile.]

4. Il fatto, messo in luce nei paragrafi precedenti, che i fenomeni sociali risultino descrivibili e spiegabili senza far ricorso al concetto di individuo, non esclude l'altro fatto, pur esso incontestabile, che, in concreto, l'individuo si trovi a prender parte a tali fenomeni in forma assai viva. Allo stesso modo: il fatto che il corso di un torrente in piena risulti descrivibile e spiegabile per mezzo di schemi puramente fisici non esclude che, in concreto, certi determinati individui si trovino in contatto fisico con esso e diano efficacemente la loro opera per convogliarne le acque in un senso piuttosto che in un altro.

Gli errori possibili in questo genere di considerazioni sono due, opposti tra loro, ma non meno dannosi l'uno dell'altro. Il primo consiste nel ritenere – come pretendono alcuni metafisici – che l'opera degli individui giochi una parte essenziale nello sviluppo della storia e cioè determini il corso dei fenomeni sociali; il secondo nel ritenere – come pretendono altri metafisici – che l'individualità del singolo non abbia altra consistenza fuorché quella del suo «prender parte» a certi fenomeni sociali, venga cioè completamente determinata da questi fenomeni. Chi osservi senza preconcetti la realtà dell'esperienza constaterà invece che le cose stanno in modo completamente diverso: l'individuo si trova, sì, a vivere in una certa situazione storica, e questa determina il suo campo d'azione, però l'azione resta eminentemente *sua*, e cioè non perde, in seguito a tale determinazione, il suo ineliminabile carattere individuale, la sua causalità interna che la connette a tutti gli atti precedenti dell'individuo. L'individuo agisce entro la storia e influisce con le sue minime forze su di essa, come agisce con le sue minime forze sul corso dei fenomeni naturali; la storia e la natura restano però qualcosa di altro da lui, qualcosa che può spiegarsi senza tener conto del suo minimo apporto di azione.

Ecco per esempio un soldato che prende parte coraggiosamente a una guerra. Questa determina il campo d'azione in cui egli svilupperà le proprie doti caratteristiche; determina l'ambiente di commilitoni con i quali dovrà collaborare; determina il suo tipo di vita. Egli sa molto bene tutto ciò, e lo accetta tranquillamente, come accetta di esporsi mille volte al pericolo pur sapendo che il suo sacrificio non deciderà il risultato della battaglia (non lo deciderà, come il moto più o meno regolare di una singola molecola non decide il comportamento di una massa gassosa). Ciò che invece non accetterebbe mai, sarebbe di perdere nella vita militare tutta la propria personalità, formatasi di grado in grado attraverso l'educazione, la lettura, le amicizie, ecc. Agli occhi dello storico egli è soltanto un soldato, un numero (per cui si dirà che nella tale battaglia morirono diecimilatrecentoquarantadue soldati, o ne vennero fatti prigionieri ottomiladuecentoquattro); ma, in realtà, egli è e resta qualcosa di più (un uomo serio o un allegro buontempone, un padre di famiglia, un amante affettuoso, un poeta, un sognatore, ecc.), resta quello che i suoi sentimenti (cioè le serie complesse dei suoi atti) lo rivelano effettivamente a sé e agli altri.

L'individuo il quale vive oggi una forma storicamente ben determinata di vita (combatte certe lotte sociali e politiche, sceglie fra partiti non creati da lui) è perfettamente conscio che, se la sorte l'avesse fatto vivere due secoli prima o due secoli dopo, avrebbe combattuto lotte completamente diverse, avrebbe vissuto un'altra vita, avrebbe scelto fra altri partiti. Sa tuttavia che, in qualunque ambiente si trovi a vivere, la sua personalità resta sempre qualcosa di irriducibile a questo ambiente collettivo, il suo «io» porta sempre con sé certe caratteristiche personali, determinate soltanto da quello sviluppo di azioni e di stati sentimentali che potremmo chiamare «dialettica interna» dell'individuo.

Pretendere di applicare la categoria della causalità ai rapporti tra realtà sociale e individuo, è privo di senso. Sappiamo, del resto, che non esiste «una» categoria della causalità, ma esistono diversi concetti di causa, ben distinti e separati fra loro. Se volessimo ad ogni costo asserire che la realtà sociale «determina causalmente» la realtà dell'individuo, o asserire, viceversa, che la realtà degli individui «determina causalmente» i fenomeni sociali, potremmo senza dubbio farlo, poiché l'uso di una parola invece di un'altra è per principio qualcosa di arbitrario. In tal caso, però, dovremmo costruire per questi due tipi di rapporti una nuova grammatica del termine «causa», affatto diversa da quella in uso nelle altre ricerche. Comunque si decida di fare, è sicuro che uno studio razionalmente rigoroso di questi due tipi di causalità non lascerebbe adito a ritenere che sussista una stretta analogia tra essi e i ben noti tipi di causalità che si applicano nella fisica, nella psicologia, nella storia (cioè la causalità come rapporto tra un fenomeno naturale e l'altro, tra uno stato d'animo e l'altro, tra i diversi successivi fenomeni della storia).

Lo stato di fatto circa i rapporti tra individuo e collettività può venire così riassunto: lo sviluppo della vita dell'individuo, pur soggiacendo all'influsso di fattori sociali, avviene secondo linee personali caratteristiche, determinate da una causalità interna all'individuo stesso; in modo analogo lo sviluppo delle società, pur soggiacendo all'azione degli individui, avviene tuttavia secondo una dialettica intrinseca ad esse. Come si possa conciliare, negli individui e nelle collettività, la presenza indiscutibile di una causalità interna con la presenza altrettanto indiscutibile di un influsso da parte di fattori esterni, è un problema più apparente che reale, problema che deriva non dai fatti medesimi ma da vecchi preconcetti teorici, difficili a superarsi. Senza dubbio la coesistenza or ora accennata di una causalità interna e di un influsso esterno sarebbe qualcosa di contraddittorio, se la causalità fosse, come ritengono certi metafisici, un effettivo legame di produzione che connette fra loro una causa ben determinata a un effetto ben determinato. Ogni aspetto contraddittorio scompare però se teniamo presente che la causalità è qualcosa di molto più complesso, è un rapporto di carattere concettuale la cui struttura varia sostanzialmente da un gruppo di fenomeni all'altro.

5. La causalità interna dell'individuo è qualcosa di reale, come è reale la causalità dialettica dei fenomeni storici. Il filosofo critico non può negare né l'una né l'altra, e nemmeno può pretendere – come certi filosofi metafisici – di applicare a queste due realtà una specie di graduatoria, ponendo la prima a base della seconda o la seconda a base della prima. Reali e verificabili sono i fenomeni della vita individuale, come reali e verificabili sono quelli della vita collettiva. Ogni tentativo di contrapporli gli uni agli altri è vuoto di senso; ogni tentativo di considerare gli uni come veri e gli altri come apparenti o illusori, è illogico e ridicolo.

Nemmeno si può affermare che gli uni abbiano «maggior valore» degli altri. Che significa in questo caso il termine «valore»? Si vorrà forse sostenere, per esempio, che il corso degli stati d'animo d'un piccolo soldato sia «in sé» meno importante del corso della guerra? No senza dubbio; ché, anzi, allo sguardo del poeta, dello psicologo, del religioso, il primo fenomeno è certo assai più importante del secondo.

Il cosiddetto «valore dei fenomeni» è qualcosa di essenzialmente relativo al punto di vista da cui vengono considerati.

Per lo storico, una battaglia ha senza dubbio maggior valore di un «rimorso», di un «risentimento», e in genere di uno stato d'animo di un qualsiasi individuo. Per il poeta invece, come abbiamo detto poco fa, accade generalmente il contrario. Per il filosofo, questo e quel fenomeno presentano parimenti il massimo interesse teoretico: ciascuno di essi è irriducibile ai fenomeni che lo circondano, è reale e difficile a descriversi. Il filosofo critico non accetta i pregiudizi del filosofo individualista né del cosiddetto storicista; egli spiega le valutazioni dell'uno e dell'altro come qualcosa di aggiunto ai fenomeni, come qualcosa di relativo allo schema teorico entro i quali si cerca di inserirli. Per lui, il compito fondamentale della mente umana non può essere quello di contrapporre l'una all'altra due esperienze innegabili, ma di comprenderle entrambe, di determinare la loro precisa consistenza, spogliando la descrizione, che noi ne facciamo, di qualunque terminologia assolutistica, infondata e incontrollabile.

Come, nell'aritmetica, il filosofo critico riconosce l'irriducibilità reciproca dei vari concetti di numero; come, nello studio della causalità, riconosce che esistono diversi rapporti di causazione inconfondibili fra loro; così, nello studio delle esperienze della vita non conoscitiva, riconosce l'esistenza di tipi di fenomeni irriducibili gli uni agli altri, i fenomeni della vita individuale e quelli della vita collettiva. *La grande conquista del razionalismo moderno sta tutta qui: nel non forzare la realtà, nel non aver paura del molteplice, nell'evitare per principio qualunque unificazione infondata e artificiosa.* L'amore della coerenza, che spinge il metafisico a falsare i dati fenomenici, è un falso amore. Chi ama effettivamente la coerenza, ama sopra tutto la sincerità; ama di non confondere i fatti, di non rivestirli di frasi imprecise e vuote di senso, come potrebbero essere queste: «l'individuo è tutto», ovvero: «la collettività è tutto». Il vero filosofo è colui che ama il rigore, la chiarezza, l'esattezza, anche allorché queste lo costringano a rinunciare a sintesi grandiose, piene di fascino e di bellezza.

II

6. Nella parte precedente abbiamo constatato l'irriducibilità dei fenomeni individuali a fenomeni della vita collettiva, tenendo conto, per l'individuo, delle sole esperienze che costituiscono la cosiddetta vita sentimentale. Il nostro risultato apparirà ancora più chiaro se, oltre a ciò, terremo pure conto di quelle specialissime esperienze dell'individuo cui attribuimmo il nome di valutazioni etiche.

Ricordando l'analisi di tali valutazioni compiuta nella seconda parte del capitolo I, possiamo affermare senza ombra di dubbio che non ha senso riferirsi a una valutazione etica come a qualcosa che venga intuito da tutto un insieme di più individui, cioè da una collettività. Abbiamo visto infatti che l'individuo il quale constata in sé una valutazione la constata come qualcosa di intimamente *suo*, qualcosa che egli non può rifiutarsi di ammettere, e che tuttavia non riesce a comunicare agli altri se non per via analogica. Per parlare di una valutazione dello stesso tipo intuita da una collettività, bisognerebbe dunque asserire che anche questa collettività possiede, proprio come l'individuo, una sua vita interiore, che anch'essa cioè può intuire, vedere, ed esprimere. Ma è chiaro che un tale asserto sarebbe puramente fantastico, non potendosi indicare alcun metodo con cui controllare l'esistenza effettiva di una vita interiore della collettività. Asserire che si dànno intuizioni morali di una collettività è dunque asserire una frase vuota di senso.

Resta aperto però un altro problema, assai meno semplice: le valutazioni morali che il singolo io trova in sé coinvolgono soltanto giudizi sull'operato dell'individuo, o possono anche giudicare la moralità degli organismi collettivi?

Trattandosi di un problema che verte esclusivamente sui caratteri dell'intuizione morale, dovrò – come già feci nel capitolo I – limitarmi a discuterlo al di fuori di qualsiasi oggettività scientifica, e cioè in base a considerazioni che sono esattamente controllabili soltanto per me. Cercherò tuttavia di farlo, qui come allora, con la più scrupolosa sincerità verso me stesso e verso gli altri.

7. Come già osservai nel capitolo citato, l'oggetto delle mie valutazioni è sempre un'azione. È infatti di una azione, e non d'altro, che io dico a me stesso, nell'interno del mio animo, «essa è buona, è approvabile, dovrebbe venir eseguita». Ma che intendo, a rigore, per azione?

Con questo termine non intendo un fatto qualunque, bensì un fatto che rinvia a qualche individuo come a causa volontaria di esso. L'azione risulta, cioè, qualcosa di inscindibilmente connesso all'essere individuale. E invero non riesco a comprendere sotto le mie valutazioni morali i puri e semplici «fatti di natura», che non rinviano ad alcun individuo. Se mi chiedo, per esempio: «Il moto di questo o quel pianeta è buono o cattivo? approvabile o disapprovabile?», debbo di necessità rispondere: «Non è né buono né cattivo, né approvabile né disapprovabile». - Sebbene i termini dei quali faccio uso nelle mie valutazioni etiche abbiano un significato controllabile soltanto per me, essi posseggono tuttavia una grammatica su questo punto molto precisa. Tale grammatica esclude per principio che l'approvabilità o disapprovabilità venga riferita a fatti che non siano azioni individuali.

Il problema che ora mi propongo di discutere è «se tale grammatica ammetta o no di riferire il concetto di approvabilità a fenomeni di carattere collettivo, cioè a fenomeni che - secondo quanto si vide nei paragrafi precedenti - subiscono l'azione degli individui pur possedendo una causalità propria affatto indipendente da essi».

Per rispondervi con la maggior esattezza possibile, comincerò col domandarmi: «Che cosa intendo affermare quando dico che un'azione è buona? Qual metodo posseggo per controllare, sia pure soltanto in me, la veridicità del mio asserto?». Come spiegai nel capitolo citato, il metodo richiesto è il seguente: «Se trovo davvero in me una valutazione morale, questa deve far sorgere nel mio intimo un senso di merito o di demerito, a seconda che mostro in pratica di approvare effettivamente, o di disapprovare, l'azione che valutai buona».

In che senso potrò dunque dire di valutare buona o cattiva l'azione compiuta da un personaggio qualsiasi mille anni fa? Potrò dirlo in questo senso: che riesco a immaginare me stesso nella veste di quell'antico personaggio, e quindi a immaginare di aver compiuto proprio io tale azione; ciò posto, riesco a sentire in me – sia pur in via ipotetica – soddisfazione o rimorso per l'atto che immagino di aver compiuto.

Orbene: non mi è possibile, con procedimento analogo, dare un senso – per me controllabile – all'asserto «tale o tal altro evento storico, per esempio la rivoluzione francese, fu approvabile o disapprovabile»? Qualcuno potrebbe sentirsi tentato a rispondere positivamente, osservando che posso assai bene immaginarmi impersonato con Danton, Robespierre, Marat, ecc. È chiaro però che questa risposta non regge: essa mi dimostra che posso pronunciare un giudizio di valore sugli atti di quei noti protagonisti della rivoluzione francese, non sulla rivoluzione stessa, considerata nella sua oggettività storica.

Né, per quanto io abbia scrutato la mia coscienza, sono mai riuscito a trovare altro metodo per dare un senso all'asserto anzidetto. Non riesco infatti a immaginarmi in una situazione tale da poter impedire o produrre un evento sul tipo della rivoluzione francese; il verificarsi di esso non è qualcosa che possa far sorgere in me alcun sentimento di rimorso o di compiacimento.

In conclusione: quanto più rifletto con scrupolosa cura sui dati della mia coscienza intima, tanto più mi convinco che un asserto del tipo «la rivoluzione francese fu buona o cattiva, approvabile o disapprovabile» è, per me, vuoto di senso. Esso costituisce un complesso di parole, per le quali non posseggo alcun metodo di rispondere se siano vere o false, con le quali cioè io non penso proprio nulla. Forse altri, riflettendo con altrettanto scrupolo sulle proprie valutazioni morali, giungerà a un'altra conclusione. Io non posso a priori negarlo, come non posso escludere che egli provi valutazioni etiche diverse dalle mie o non provi addirittura nessuna valutazione (si ricordi l'ultimo paragrafo del capitolo I). Il fatto è, tuttavia, che la mia constatazione si presenta, almeno per me, come qualcosa di incontestabile.

8. Vediamo in breve che cosa potrebbero obiettare al mio ragionamento i metafisici individualisti e i metafisici storicisti.

L'obiezione dei metafisici individualisti è fondata sull'ipotesi che i fenomeni sociali costituiscano il frutto della collaborazione cosciente e volontaria di più individui. Dalla moralità di questi dipenderebbe, secondo essi, la moralità dei fenomeni considerati. E poiché non si può in alcun caso asserire che *tutti* i collaboratori di un fenomeno collettivo agiscano con la *stessa* sincerità o insincerità, ne segue – secondo gli anzidetti metafisici – che occorrerà assumere, come decisivo per tutto il fenomeno, il carattere morale o immorale dei *dirigenti* oppure il carattere morale o immorale della *maggioranza*.

A prescindere dall'errore sostanziale dell'ipotesi che sta a base dell'obiezione ora riferita, basta, per toglierle ogni consistenza, osservare che essa si vale, come molti altri pseudo-ragionamenti di filosofi metafisicizzanti, di concetti intrinsecamente indeterminati. Tali sono, nel nostro caso, i concetti di «dirigente» e di «maggioranza». Il loro carattere potrebbe venir assunto, con un certo diritto, a determinante della moralità o immoralità di tutto il fenomeno, se l'azione dei dirigenti o l'azione della maggioranza potesse ritenersi davvero decisiva nello sviluppo dell'intero fenomeno, e trascurabile invece l'azione dei restanti individui. Ma accade veramente così? E, se non accade così, con qual diritto si può accettare la soluzione su riferita? In base a che cosa si può affermare che il fenomeno resta morale, malgrado la cattiva intenzione di sia pure un solo, fra gli individui che effettivamente collaborano ad esso?

L'obiezione dei metafisici anti-individualisti si fonda invece sull'ipotesi che gli organismi collettivi abbiano – come gli individui – certi fini loro propri di carattere sopraindividuale: essi dovranno dunque dirsi più o meno buoni a seconda che realizzano in modo più o meno approssimato questi loro fini.

Di fronte a questa obiezione, il filosofo critico non ha che una risposta: i fini così attribuiti alle collettività non costituiscono nulla di assoluto, nel senso del termine «assoluto» che noi spiegammo nel capitolo I; essi sono fini *relativi*, cioè fini che possono venir attribuiti alla collettività soltanto con un atto arbitrario.

Trattandosi di attribuzione per principio arbitraria, nulla ci impedisce, naturalmente, di compierla; è chiaro però che con tale atto restiamo nel campo della razionalità (cioè delle postulazioni) e non in quell'altro campo che, nel capitolo I, denotammo con l'attributo di «etico-valutativo». Una volta riconosciuta l'esistenza di una sfera della moralità, fornita del carattere dell'assolutezza, è pericoloso indicare con lo stesso nome di «moralità» una sfera di altre nozioni non fornite di questo carattere. Il problema di cui noi attualmente ci occupiamo è il problema della moralità nel primo senso, non della moralità nel secondo; qualunque scoperta in quest'ultimo campo non ha dunque nulla a che vedere con le questioni dibattute nell'altro.

La moralità degli organismi sociali, la cosiddetta eticità dello Stato sono, per il filosofo critico, concetti di natura completamente diversa dalla moralità spettante alle valutazioni che l'individuo scopre in sé. Esse sono concetti che, forse, possono venire rigorosamente definiti e quindi possono far parte di costruzioni teoriche esatte (per quanto i metafisici non abbiano compiuto alcuno sforzo per definirli con rigore), ma che certamente si muovono su di un piano completamente diverso da quello delle esperienze valutative.

9. Dovremo dunque concludere che i feno-

meni della vita collettiva sono tutti egualmente fuori dalla sfera della moralità? Come spiegare, allora, i discorsi dell'uomo comune, che parla continuamente di «bontà» o di «malvagità» di una certa guerra, di una certa rivoluzione, ecc., e che trae da queste affermazioni efficacissimi motivi onde persuadere il suo prossimo a favorirla od ostacolarla? Di fronte a queste domande non vi è che una risposta: i discorsi ora accennati dell'uomo comune sono puri e semplici discorsi di propaganda, non enunciati filosofici.

[All'epoca in cui scrissi questo capitolo, cioè prima della Liberazione, affermazioni di questo tipo erano condivise da ben poche persone, dato che nella guerra si ha sempre la tendenza a pensare che la "nostra" parte è nel giusto mentre l'altra è nel torto. Ma il razionalista deve essere superiore a questa tendenza, comprensibile sebbene sbagliata. Di ciò sono tanto più convinto oggi, anche se forse, userei espressioni meno crude. Ciò che mi spingeva a usarle era proprio la reazione alla retorica dei discorsi che io stesso facevo e sentivo fare.]

Nelle guerre, nelle lotte politiche, nelle crisi sociali, né l'uno né l'altro partito possono caratterizzarsi – secondo il razionalista critico – come veramente morali. Nell'uno e nell'altro, infatti, si troveranno per lo più individui morali e individui immorali, individui in buona e altri in mala fede. Mentre il singolo può essere morale o immorale, il partito, l'organismo collettivo sfugge a questa caratterizzazione. L'organismo collettivo è una forza, non una coscienza capace di valutazioni. L'individuo, che vive nella storia, è oggetto di giudizi morali; la storia stessa invece – come attuazione di lotte, come cozzo di forze – fuoriesce dai quadri della moralità.

L'urto tra due popoli, tra due Stati, tra due classi, non è mai descrivibile in termini di eticità. La pretesa superiorità morale di uno dei due contendenti è pura illusione. Ha senso parlare di superiorità morale, riferendola agli individui che lottano (ai singoli soldati, ai generali, agli uomini di Stato), non però riferendola agli organismi collettivi.

Per la coscienza morale, ogni azione violenta, ogni azione che porta alla distruzione di vite e di beni è in se stessa un male. Ogni guerra perciò – se avesse senso considerarla come frutto della volontà di più individui – sarebbe in sé condannabile. Ma in quanto è l'effetto di uno sviluppo dialettico di situazioni sociali non determinate dagli individui, in quanto è urto di organismi di carattere collettivo, non è né un bene né un male; è semplicemente un fenomeno terrificante, cui gli attributi di moralità o immoralità non possono – per principio – applicarsi.

Le stragi, le costrizioni, le violenze costituiscono, nella storia dei popoli, momenti inevitabili, conseguenze complesse di molteplici fattori (squilibri economici, disordini politici, insufficienze organizzative, ecc.); fare di esse un titolo di merito o demerito per gli stati o i partiti è privo di senso. Lo stato non può pentirsi o rallegrarsi di nulla; esso non possiede, come l'individuo, una coscienza che possa rimorderlo. Trattarlo alla stessa stregua con cui si trattano le persone, significa snaturarlo; significa mitologizzare la storia, non comprenderla.

10. Come abbiamo detto nei paragrafi precedenti, l'individuo si trova, per così dire, «gettato» in una particolare situazione storica. Ad essa egli partecipa; né può in alcun modo sottrarsi dal parteciparvi.

L'individuo non può fare a meno di giocare la sua parte nella storia. Anche se cerca di rimanere alla finestra, di non seguire alcun partito, di non prendere posizione nella lotta, in realtà questo suo stesso atteggiamento negativo equivale a una presa di posizione. Presa tutt'altro che priva di influenze e di responsabilità, perché sappiamo che in qualunque momento storico vi è uno dei partiti in lotta che si avvantaggia dall'inazione degli individui e delle masse.

[Qui è evidente il riferimento a quelle numerose persone, borghesi soprattutto, che nella guerra civile compivano ogni sforzo, a prezzo di pregevoli artifici, per non compromettersi né da una parte né dall'altra. In certo senso queste persone erano le più spregevoli a giudizio di noi partigiani, ma lo sviluppo degli eventi ha poi dimostrato, purtroppo, che erano proprio loro, e non noi, ad avere ragione.]

Nessuno può chiudere gli occhi dinanzi ai fenomeni della vita collettiva. Questi costituiscono per l'individuo, gettato in essi, qualcosa di «dato»: di «dato» allo stesso modo che i fenomeni della natura fisica. Essi costituiscono l'ambiente in cui egli si trova a vivere e ad agire, e di fronte ai quali non può non assumere un atteggiamento pieno di responsabilità. Come dovrà dunque comportarsi? In base a che, determinerà la sua scelta? Se, come spiegammo, non può decidere il proprio atteggiamento in base a una valutazione morale delle forze in lotta, a quale altro tipo di considerazioni dovrà ricorrere?

Questo altro tipo di considerazioni è costituito dalla riflessione scientifica sulle proprietà concrete ed effettive delle forze in lotta. L'individuo deve compiere cioè la sua scelta, in base a una considerazione teoretica sulla modernità degli organismi in guerra, sulla maggiore o minore efficacia di essi ad apportare ordine nella vita collettiva, sulla maggiore o minore loro idoneità a risolvere i problemi politici ed economici del momento. Per esempio: combatterà contro quel tipo di organizzazione sociale che suol denotarsi col nome di capitalismo, non perché ritenga che esso risulti un male in sé ma perché ritiene che, nell'attuale situazione storica, sia incapace di porre un freno all'anarchia della produzione, al caos economico. Combatterà contro la monarchia, non perché ritenga che l'istituzione monarchica risulti un male in sé ma perché ritiene che, nell'attuale situazione storica, essa costituisce un impedimento al naturale sviluppo dello Stato moderno.

Secondo i casi, la scelta dell'individuo sarà dettata da motivi più o meno solidi, più o meno convincenti. La discussione razionale intorno alla loro solidità potrà, in qualche caso, portare i diversi individui ad accogliere la medesima conclusione. Essa dovrà dirsi, allora, razionalmente fondata; non costituirà mai, però, qualcosa di assoluto. La valutazione morale degli atti compiuti dall'individuo costituisce invece – perché l'individuo la trova in sé – qualcosa di ben diverso, di assoluto e indiscutibile.

Il giudizio morale circa l'operato politico di un individuo verterà sul fatto che egli sia, nella scelta del proprio partito, sincero o insincero e, nel compimento delle proprie azioni, coerente o no ai principi stabiliti. Non potrà vertere invece sulla scelta di questo o quel partito; tale scelta costituisce soltanto un giudizio teoretico, e noi potremo dire, rispetto ad essa, non che sia morale o immorale, ma soltanto giusta o erronea, cioè che sia frutto di una analisi intelligente e obiettiva, o insufficiente e superficiale. L'uomo morale può illudersi sulle effettive capacità di un organismo collettivo, sul significato di una lotta, e quindi può errare. Di fronte al suo errore, è ridicolo scandalizzarsi, è ridicolo ricorrere a rimproveri o a perorazioni morali; occorre e basta sapergli opporre argomenti teorici persuasivi. Se in genere si preferisce ricorrere ad argomenti pseudo-morali anziché a considerazioni scientifiche, ciò è dovuto soltanto alla difficoltà di fare, in questo genere di discussioni, della vera scienza.

[Qui la separazione fra giudizio teoretico e giudizio morale è netta e decisa. Essa aveva un peso inequivocabile nel momento in cui scrivevo questo paragrafo, ma oggi lo avrebbe assai meno. Oggi infatti sappiamo che un giudizio teoretico non può mai venire preso in considerazione isolatamente dal suo peso morale. Esso sorge e viene difeso in un contesto che è insieme etico e teoretico, sicché il volerlo giudicare in astratto, separatamente da questo contesto, significa non capirlo.]

11. Non è facile, talvolta, separare nel nostro animo ciò che è dovuto al sentimento da ciò che è dovuto all'intuizione morale. Questa difficoltà si rivela particolarmente grave quando il nostro animo è travolto – o per così dire soffocato – da una profonda e violenta passione.

La passione politica è, più delle altre, capace di produrre una confusione del tipo accennato. Essa infatti riesce a convincere l'individuo che la propria scelta sia determinata da intuizioni morali, che il proprio odio sia un dovere, che il proprio istinto sia qualcosa di superiore. Si tratta invece di pure sembianze sentimentali, che non hanno proprio nulla in comune con l'intuizione del bene. Si tratta di confusioni teoretiche, che l'opera del filosofo può e deve eliminare.

[Nell'attuale clima di stagnazione generale della posizione politica e civile, quanto detto in questa pagina perde una notevole parte del suo significato. Oggi ciò che muove alcune persone a occuparsi di politica sembra essere più l'interesse personale o familiare che non la passione etico-politica, più la difesa del potere (pur piccolo) in precedenza conseguito che non la difesa del bene della collettività. Non si può prendere in serio esame questo stato di cose, persistendo a chiudere gli occhi di fronte alla realtà. O si è seri razionalisti o ci si perde in vuote utopie.]

Una seria riflessione sulle nostre esperienze ci insegna – come abbiamo visto – a scindere con esattezza i tre campi del scientifico, del sentimentale e dell'etico. Sarà dunque dovere del filosofo riportare ai campi, così preliminarmente divisi, la discussione dei diversi problemi e mostrare che la soluzione di essi dipende dalla determinatezza dei termini con i quali si trovano enunciati.

Sarà, in particolare, suo dovere – di fronte ai problemi della individualità – richiamare gli uomini all'osservazione scrupolosa dei dati della propria coscienza, spogliandoli di ogni veste retorica, di ogni riferimento estraneo e incontrollabile, di ogni estensione a campi di altra natura.

INDICE

I. *Stati sentimentali e valutazioni etiche* 7

II. *L'essere umano come individuo* 52
1. Fatto primo: la collaborazione 57
2. Fatto secondo: la lotta 61
3. Fatto terzo: l'amicizia 65
4. Fatto quarto: l'odio 69
5. Fatto quinto: la superbia 72
6. Fatto sesto: la benevolenza 76
7. Fatto settimo: la diffidenza 80
8. Fatto ottavo: la ribellione 84
9. Fatto nono: la devozione 88
10. Fatto decimo: l'amore 92

Appendice al capitolo II 99

III. *Fenomeni individuali e fenomeni collettivi* 107

Nella stessa collana

Nicola Abbagnano
La saggezza della vita
Ogni giorno la ricerca della felicità

Nicola Abbagnano
La saggezza della filosofia
I problemi della nostra vita

Sabino S. Acquaviva
Il seme religioso della rivolta

Sabino S. Acquaviva
Sinfonia in rosso
1977-1980

Evandro Agazzi
Fabio Minazzi
Ludovico Geymonat
Filosofia, scienza e verità

Adolfo Bachelet S.I.
Tornate a essere uomini!
Risposte di ex terroristi

Adolfo Beria di Argentine
Giustizia: anni difficili

Ananda K. Coomaraswamy
Come interpretare un'opera d'arte

Ananda K. Coomaraswamy
Induismo e buddismo

Ananda K. Coomaraswamy
Sapienza orientale e cultura occidentale

Sergio Cotta
Dalla guerra alla pace
Un itinerario filosofico

Augusto Del Noce
Il cattolico comunista

Rodolfo Doni
Le grandi domande
Interrogativi sull'universo secondo la scienza, la filosofia e la fede

Giovanni Ferrara
Apologia dell'uomo laico

Marco Follini
Il tarlo della politica

André Frossard
La storia ha cambiato direzione

Fausto Gianfranceschi
Il senso del corpo
Segni, linguaggio, simboli

Ludovico Geymonat
La libertà

René Guénon
Errore dello spiritismo

Luigi Guicciardi
Il tempo del furore
Il fallimento della lotta armata raccontato dai protagonisti

Jean Guitton
L'amore umano

Jean Guitton
L'assurdo e il mistero

Jean Guitton
La vergine Maria

Jean Guitton
Ritratto di Marthe Robin

Abraham Joshua Heschel
Chi è l'uomo?

Abraham Joshua Heschel
Il Sabato
Il suo significato per l'uomo moderno

Abraham Joshua Heschel
L'uomo non è solo
Una filosofia della religione

Claude Lévi-Strauss
Primitivi e civilizzati
Conversazioni con Georges Charbonnier

Renzo Magosso
I padroni della salute
Baroni, burocrati, amministratori e politici attorno al malato

Thomas Molnar,
Jean-Marie Domenach,
Augusto Del Noce
Il vicolo cieco della sinistra

Gianfranco Morra
Marxismo e religione

Seyyed Hossein Nasr
Ideali e realtà dell'Islam

Seyyed Hossein Nasr
Il Sufismo

Giuseppe Neri
Verso il terzo millennio
Il nostro futuro: le risposte di 25 filosofi e scienziati

René Oth
La scienza a caccia di Dio
La scienza moderna alla ricerca del creatore dell'universo

Donatella Papi
Per avere un figlio
Le nuove tecniche di concepimento

Mario Picchi
Parlare ai figli

Hans Sedlmayr
Perdita del centro
Le arti figurative dei secoli XIX e XX come sintomo e simbolo di un'epoca

Giuseppe Sermonti
Fiabe del sottosuolo
Analisi chimica delle fiabe di Cappuccetto Rosso, Biancaneve, Cenerentola...

Giuseppe Sermonti
Fiabe di luna
Simboli lunari nella favola, nel mito, nella scienza

Giuseppe Sermonti
Il crepuscolo dello scientismo
Critica della scienza pura e delle sue impurità

Giuseppe Sermonti
La luna nel bosco
Saggio sull'origine della scimmia

Emanuele Severino
Téchne
Le radici della violenza

Ugo Spirito,
Augusto Del Noce
Tramonto o eclissi dei valori tradizionali?

Rabindranath Tagore
La religione dell'uomo

David M. Turoldo
Il Vangelo di Giovanni
Nessuno ha mai visto Dio

Pier Luigi Zampetti
L'uomo e il lavoro nella nuova società
Dai sindacati ai computers?

Il volume è stato fotocomposto e stampato nell'ottobre 1989
dalle Industrie Lito-Tipografiche Mario Ponzio S.p.A., Pavia
Legatoria Piolini & C., Milano

Editore: Rusconi Libri S.p.A., via Livraghi 1/b, 20126 Milano